智元微库
OPEN MIND

成 长 也 是 一 种 美 好

企业合规管理系列丛书

数据合规

3.0

基础理论与场景指引

陈吉栋 胡 峰 施 骞 江翔宇 等———— 著

人民邮电出版社
北京

图书在版编目（CIP）数据

数据合规 3.0 基础理论与场景指引 / 陈吉栋等著.
北京 ：人民邮电出版社，2024. -- （企业合规管理系列
丛书）. -- ISBN 978-7-115-64960-7

Ⅰ. D922.174

中国国家版本馆 CIP 数据核字第 202440W660 号

◆　　　　著　陈吉栋　胡　峰　施　骞　江翔宇　等
　　　　责任编辑　黄琳佳
　　　　责任印制　周昇亮

◆人民邮电出版社出版发行　　　　北京市丰台区成寿寺路 11 号
　邮编 100164　电子邮件 315@ptpress.com.cn
　网址 https://www.ptpress.com.cn
　涿州市京南印刷厂印刷

◆开本：720×960　1/16
　印张：13.25　　　　　　　　　　2024 年 9 月第 1 版
　字数：180 千字　　　　　　　　　2024 年 9 月河北第 1 次印刷

定　价：79.80 元

读者服务热线：（010）67630125　印装质量热线：（010）81055316
反盗版热线：（010）81055315
广告经营许可证：京东市监广登字 20170147号

作者名单（按姓氏拼音排序）

陈吉栋　同济大学法学院副教授

段俊熙　武汉大学法学院硕士研究生

龚　雪　华东政法大学博士研究生

胡　峰　德国柏林洪堡大学法学博士、上海市君悦律师事务所合伙人

江翔宇　华东政法大学法学博士、上海市协力律师事务所高级合伙人

施　骞　同济大学经济与管理学院教授、博士生导师

吴蔽余　北京大学法学博士、上海智元新创技术有限公司公共事务副总经理

张　竣　联仁健康医疗大数据科技股份有限公司法务部总监

序

　　探索数据合规基础理论与场景指引，本书或为第一本。写作的困难有二：第一，数据合规法学研究没有积淀；第二，合规具有较强的实践特征，了解合规（含数据合规）的高手多分布在企业中。鉴于以上两点，2023 年 3 月，在我的提议下，几位对数据合规感兴趣的朋友开始不断在同济大学法学院举行沙龙，时间多为周六下午，议题以数据合规为主，每当有重要的立法文件发布时，我们也会集体讨论一下。常来参加沙龙的包括华东政法大学的龚雪博士、时任上海数据交易所的高级研究员吴蔽余博士（现为上海智元新创技术有限公司公共事务副总经理）、上海市君悦律师事务所合伙人胡峰博士、协力律师事务所高级合伙人江翔宇博士、联仁健康医疗大数据科技股份有限公司法务部总监张竣、蚂蚁科技集团股份有限公司杨德森博士。他们多成了本书的作者，可以说，本书就是参加数据合规沙龙人士的集体成果。沙龙有时也邀请专家来交流，如复旦大学管理学院的窦一凡教授、知名的仲裁专家高菲博士、中国信息通信研究院的赵志海高级研究员等。这些专家的分享丰富了我们对于数据、管理与纠纷解决等多方面的知识。在交流中，我们的想法逐渐明晰，就是写一本探究数据和数据合规的法学理论体系的书，该书既要有学术品位，也要兼顾通俗性。

"现代社会是一个风险社会。"①在德国社会学家乌尔里希·贝克看来，20世纪末的"自然"与"社会"已经不再对立，而是融为一体。这意味着"风险"无法在科学家所称的"客观性"中得到解答，只能在政治、经济和文化的强力磁场中展开。换言之，现代社会的风险并不是在绝对意义上增加的，只是我们对风险的察觉和认知能力增强了，②而我们认知与防控风险的能力又在很大程度上以现代文明为土壤。数字社会滋生数据风险，但我们缺乏认知数据及其风险的土壤。不过，数据风险的一些特征已经给法律人留下了深刻的印象。比如，数据风险是无形的，很难发现也很难有效防控，数据风险是在数据生命周期传递的，风险发生时影响广泛、损害较大且多具有不可逆转性。数据风险在本质上改变了传统法律责任事后救济损害的价值观，催生了须提前介入数据风险的认知，数据合规就是提前介入的手段之一。为了实现这一目的，数据合规必须是实质的而非形式的，不过实践中数据合规的形式化趋势让人担忧。数据合规的复杂性还在于，除非有明确的法律规定，否则数据合规仅是企业的自我规制。既然数据合规是义务主体对于风险的规避，那么其就要受成本与效益法则的影响。换句话说，数据合规是有成本的，是无上限的。这引申出的深层次问题是数据合规的边界问题。这个问题的解决亟待我们在理论上认识数据合规，发展契合数据特性的数据合规理论。

数据合规理论要解决的基本问题是：什么是数据合规（内涵与外延）、为什么要数据合规（正当性基础）、怎么进行数据合规（方法论基础）。本书想分享给读者的几点认识是：数据合规是针对数据风险开展的；数据合规具有

---

① ［德］乌尔里希·贝克：《风险社会：新的现代性之路》，张文杰、何博文译，译林出版社2018年版。

② 刘岩：《"风险社会"三论及其应用价值》，载自《浙江社会科学》2009年第3期。

不同的义务主体；数据合规的"数据"包含了个人信息；数据合规的理论基础
是规制理论，尤其是其中的自我规制；数据合规的正当性论证意味着规制空间
重构；数据合规的方法论是数据生命周期。除对数据基础理论进行讨论外，鉴
于"规"多，场景多元，本书花了大量的笔墨进行场景指引。因此，在写作体
例上，本书分为总论与分论两个部分。总论主要讨论数据合规的基础理论；分
论针对数据生命周期的几个主要场景，对如个人信息、数据交易、数据安全、
公共数据、数据资产与人工智能生成等内容进行了专门讨论，指导实践场景。
相信这种写作体例有助于读者形成数据合规的基本理念与操作方法。

　　我们必须认识到，数据合规的理论探讨还有一个更为宏大的背景，即数
字时代法律理论的变革。因此，对数据合规理论的理解与建构需要受这一背
景的影响，加上数据具有可计算性的特征、处于计算机系统中，其合规离不
开技术支撑，甚至合规本身也有算法化的趋向。因此，本书仅算是对于数据
合规的探索成果之一。在此意义上，数据合规的理论与实践需要更多专家的
参与推动，建构数据合规的法学理论体系。本书最后定名为《数据合规 3.0 基
础理论与场景指引》，之所以定名为数据合规 3.0，并非为了牵强附会一个时髦
的称谓，而是因为本书对于数据合规的思考确系在法律 3.0 的视野下展开的。
法律 3.0 是个历史的概念，罗杰·布朗斯沃德（Roger Brownsword）创造这一
概念意在重塑（reinvented）法律。传统法律 1.0 设计规则、标准和一般原则
体系，用于调整特定的事实情况，并在此体系中保持相当的弹性，以便处理
新的情况与变化。然而，社会工业化程度越高，技术越多越复杂，法律规则
适应新型风险的压力越大。如果过度监管，可能扼杀有益的技术创新应用；
如果监管不足，则有使人们面临不可接受的风险之虞。在法律 2.0 的语境中，
法律的有效性不再仅仅依托一套单纯的循环利用的规则、标准和原则体系，

而是产生了阐释新规则和规制框架的问题，而且这些规则和框架直接服务于府现在采用的规制目的。法律 3.0 则干脆承认新技术亦是规制工具，试图在更大范围内观察被规制对象，创造更有包容性的包含技术在内的规制框架。因此，法律 3.0 持续关注技术的发展。"技术措施"含义广泛，包括空间的架构、流程的自动化、产品的编码等。[①] 法律 3.0 不仅为数据合规提供了更为宏大的解释架构；也提示了企业及其背后的技术，本身就是规制工具或者合规主体。

本书由陈吉栋、胡峰、施骞进行统稿，具体分工如下，陈吉栋、段俊熙负责第一章、第二章和第三章的写作；施骞参与了第三章的写作；胡峰负责第四章的写作，吴蔽余负责第五章的写作，张竣负责第六章的写作，江翔宇负责第七章、第八章的写作，龚雪参与了第七章的写作。在本书的写作过程中，众多朋友给予了关心和指导，他们是西南政法大学孙莹教授、通力律师事务所潘永建律师、汇业律师事务所史宇航律师与北京大成（上海）律师事务所周晨黠律师等。远在长沙的刘欣律师、公安部第三研究所的王明一先生和武汉大学刘羿鸣同学、同济大学刘其瑶同学等，参与了本书的校对工作，在此表示谢意。

最后，我们想说，数据合规应该且必须成为一个法律问题，这要求法律人必须构筑其正当性依据，阐释其基础理论，填充其制度内涵。唯有如此，数据合规的事业才能稳定且合目的。本书所做的一点探索，或有浅薄之处或谬误，希望读者不吝赐教。

陈吉栋

2024 年 8 月

写于同济大学衷和楼

[①] See Roger Brownsword，*Law 3.0: Rules, Regulation and Technology*，Routledge, 2020.

目录

第一章

数据合规概论

　　目前对于数据合规的基本原理、内涵、外延与实践操作还缺乏系统的思考与理论梳理。一般来说，在外延上，数据合规是企业合规的下位概念；在内涵上，与法律强制义务相比较，数据合规属于"自律"范畴。本书基于"概念分析"与"历史梳理"的双重视角分析、证明，在理解数据合规方面，一直存在两个"拦路虎"：一是基于什么方法认知数据合规。本书提出应该准确理解"数据生命周期"并将其作为方法论基点，因为它决定着数据合规的外延。二是如何理解数据合规的正当性基础。本书提出将"自我规制"作为企业数据合规义务的正当性基础，其影响着数据合规的根基与基本原则。

一、数据合规的概念

　　现阶段，数据合规虽然尚未有明确的法律定义，但企业处理数据的相关义务已经体现于"三驾马车"——《中华人民共和国网络安全法》（下文简称《网络安全法》）、《中华人民共和国数据安全法》（下文简称《数据安全法》）

与《中华人民共和国个人信息保护法》(下文简称《个人信息保护法》)——的具体规范中。而且，随着数字技术与数字经济的发展，数据合规很有可能从目前的法律激励机制转变为一种企业的法定义务。[①]这提示了从规范的角度认识数据合规的必要性。进一步说，从规范的角度认识数据合规，应当区分"规范对象"与"规范内容"，前者的核心在于"数据"，后者的核心在于"合规"。

(一)如何理解"数据"

数据合规的规范对象是企业，更进一步讲，其关注的是企业在数据生命周期内对数据的处理行为。那么，如何理解"数据"呢？《数据安全法》第3条第1款规定："本法所称数据，是指任何以电子或者其他方式对信息的记录。"依据该条的界定，数据仅是对信息的记录。这一界定体现出立法者对于数据的两个认识：第一，该界定遵循了信息内容与记录载体的区分，也就是信息是内容，数据是记录信息的载体；第二，作为载体的数据有不同的形式，或是电子形式又或是非电子的其他形式。这一概念与"个人信息"的概念有重合之处，《个人信息保护法》第4条第1款规定："个人信息是以电子或者其他方式记录的与已识别或者可识别的自然人有关的各种信息，不包括匿名化处理后的信息。"

那么，"数据"与"信息"有何关联与区别呢？事实上，现阶段这两个概念常常存在混用的现象。国际标准化组织(International Organization for Standardization，ISO)对二者的定义也体现出趋同的意蕴："数据是信息的

---

① 李勇：《数据合规的模式变革——从权利人"知情同意"到使用者"预测算法"》，载自《西南政法大学学报》，2022 年第 5 期。

一种形式化方式的体现，该种体现背后的含义可被再展示出来，且该种体现适于沟通、展示含义或处理。因此，信息和数据是在内容和形式两个层面上对同一个对象的描述。"[1] 区分概念的最终目的在于解决问题（如数据的保护问题、信息的保护问题），否则这种区分就将失去意义。正如有学者指出的，区分数据与信息的法律意义在于明确问题的焦点——研究的是"纯粹数据问题"[2]，还是"纯粹信息问题"[3]，抑或"数据与信息的混合问题"[4]。笔者认为，数据合规所涉及的问题显然属于"数据与信息的混合问题"。原因在于数据合规关注的是企业在数据生命周期内对数据的处理行为，而这些数据处理行为都需要符合《网络安全法》《数据安全法》《个人信息保护法》等法律的规定，既涉及形式层面的网络数据秩序问题，[5] 也涉及对数据上信息内容的保护问题。[6]

既然数据合规问题属于"数据与信息的混合问题"，为何我们仅选择了"数据合规"的概念而忽略了"信息合规"？原因在于，"信息"是数据上的内容，处于数字化转型的企业，其关注的重点在于如何获得更多的数据从而建立起自己的数据库，进而掌握强大的算法能力进行计算和商业设计，这

---

① ISO/IEC 2382:2015（en）Information technology — Vocabulary,2023 年 8 月 16 日访问。

② 纯粹数据问题关注的是形式层面的数据，即互联网中的数据操作秩序问题，如网络运行问题、虚拟财产问题、企业数据保护问题。参见梅夏英：《信息和数据概念区分的法律意义》，载自《比较法研究》，2020 年第 6 期。

③ 纯粹信息问题关注的是数据上信息内容的保护问题，如网络侵害知识产权问题、个人信息保护问题。出处同上。

④ 数据与信息的混合问题中同时涉及两个方面问题，即既有对形式数据的诉求，也有对数据上信息内容的诉求，如跨境数据流动问题、平台的法律责任问题。出处同上。

⑤ 如《数据安全法》第 29 条规定："开展数据处理活动应当加强风险监测，发现数据安全缺陷、漏洞等风险时，应当立即采取补救措施；发生数据安全事件时，应当立即采取处置措施，按照规定及时告知用户并向有关主管部门报告。"

⑥ 如《个人信息保护法》第 6 条第 1 款："处理个人信息应当具有明确、合理的目的，并应当与处理目的直接相关，采取对个人权益影响最小的方式。"

是其推动数字经济发展的关键与动力。正是由于需要对掌握丰富数据资源的企业形成合理规制，才催生了"数据合规"。就此而言，与"信息"相关的"信息安全""信息保护"等问题只是数据合规的一个合规要点，数据合规还关注诸如数据跨境流动、企业数据保护等问题，其基本逻辑是"数据生命周期"。综上，"数据合规"的称谓能够更全面地体现其基本内涵。

（二）如何理解"合规"

数据合规的规范内容是对企业在数据生命周期内的数据处理行为所提出的要求，即要求企业的数据处理行为符合有关规范要求。对于"规"的范围，可以从广义和狭义两方面来理解。广义的理解为《中央企业合规管理办法》所采用的，该办法第 3 条第 1 款指出："本办法所称合规，是指企业经营管理行为和员工履职行为符合国家法律法规、监管规定、行业准则和国际条约、规则，以及公司章程、相关规章制度等要求。"可见，"数据合规"之"规"不仅包括狭义的法律，还包括行业准则等"软法"①。狭义的理解则认为，合规之"规"就是具有法律效力的法律规范，不然就会导致企业合规的泛化。但问题是，如果"数据合规"的"合规"仅指企业的数据处理行为需要符合有关法律规定，即合规 = 合法，那数据合规为何会在近年为政府所提倡？因为按照狭义的理解，即使没有数据合规，企业的行为也需要符合法律规定，否则就将承担法律责任。这就需要搞清楚"合规"的价值意蕴。

---

① "软法"之所以是法，是因为它们虽然无法通过正式的行政处罚和司法审判而维持其效力，但在事实上已经具备行为模式以及法律后果的构成要素，只不过法律后果是通过特殊利益诱导和柔性惩罚机制来体现的。参见谭启平：《符合强制性标准与侵权责任承担的关系》，载自《中国法学》，2017 年第 4 期。

对于合规价值的理解，我们不能简单地进行文义解释，还需要结合相关规范目的展开讨论。"合规"最初仅指"企业合规"，表现为一种对企业的法律激励机制，即国家通过在法律上设置激励措施，鼓励企业开展合规建设从而得到行政处罚和刑事处罚上的责任减免。[①] 这种正面激励模式与传统意义上的行为否定式法律强制有所不同。在理论上，有学者尝试为企业合规寻找内在的道德性基础，认为企业合规不仅具有激励层面上的功利性价值，还使企业自觉承担社会责任。[②] 因此，"合规"的价值意蕴已呼之欲出："合规"旨在鼓励、引导企业自觉完善内部管理体系，从而规范日常的经营管理行为，而非通过外在的法律强制对企业施加以惩戒为后果的规范性要求。从国家治理的角度上看，"合规"意味着对传统治理模式的突破。传统治理模式主要指以政府为中心的规制模式，即政府集合了绝大多数的治理权力，从而单方面对社会实施规制；"合规"突破了这一单向规制格局，鼓励企业承担一定的规制职能，享有一定的规制权力。简而言之，这是从"外部规制"（政府规制）到"内部规制"（自我规制）的转变。

当然，如果从企业的角度观察，合规可能仅仅是企业降低风险的自觉选择，循此视角，合规就转化为企业内部风险管理的问题。具体而言，合规的主要目的在于规避法律风险，从而避免企业因违反相应的法律法规而承担过重的法律责任。因此，企业需要通过事前的合规性工作（如制定合规导向的企业规章制度、提高企业员工的合规意识、形成良好的合规文化）来实现对预期法律后果的有效预防。

---

① 崔永东：《从法律激励视角看企业合规》，载自《比较法研究》，2023 年第 1 期。
② 陈瑞华：《论企业合规的基本价值》，载自《法学论坛》，2021 年第 6 期。

无论我们选择从哪个视角观察，数据合规的基本要求均落实在企业通过自我规制——构建、完善企业内部的合规管理体系，从而在数据生命周期中自觉规范自己的经营管理行为，进而符合相关法律规定（见图 1-1）。

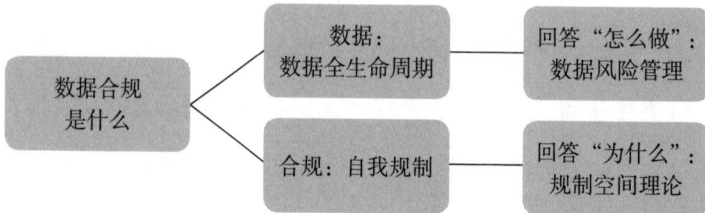

图 1-1　数据合规的逻辑结构

二、数据合规的历史梳理

对数据合规的历史进行梳理，有助于我们更好地理解数据合规的基本理念。数据合规的发展史将进一步显示"数据生命周期"和"自我规制"这两个核心要点的重要性。第一，体现"自我规制"的数据合规是传统治理模式进行变革的结果，这在某种程度上为数据合规提供了正当性基础；第二，"数据生命周期"中有不断产生且不停变化的数据风险，这是现代数字社会下的风险形式，其中隐藏着数据合规的方法论基础。

（一）数据合规的起源

企业合规制度最早确立于美国，后来成为全世界通用的企业规制方式。① 在 20 世纪 60 年代以前，虽然美国主要依赖单一的国家监管模式对企业进行规制，但合规已经出现在美国商业监管领域的零星实践中。② 在 20 世纪 60 年代以后，随着一些企业垄断丑闻的出现，美国司法部门认定了多起垄断罪名，对涉案企业开出了天价罚单，这促使众多企业开始制定反垄断合规计划。在这一过程中，监管部门给予了企业大力支持，在企业的合规计划得到严格落实的情况下，免除了企业大量的法律责任。于是，企业合规建设在美国特定领域逐渐受到重视，形成了若干法案，如 1977 年出台的《反海外腐败法》③、1987 年出台的《联邦量刑指南》④。可见，在企业合规的早期发展中，企业合规已经被定位为一种法律激励机制，即促使企业自觉构建与完善内部管理体系，从而避免企业与企业员工违反相关法律规定。

进入 21 世纪后，美国为应对大规模的企业欺诈丑闻，通过了《萨班斯 - 奥克斯利法案》，推动企业建立内部控制体系，内部控制体系成为最主要的企业监管模式。在该法案的影响下，美国上市公司会计监管委员会确立了企业内部控制体系的基本标准。⑤ 企业可以根据合规的基本标准与自身情况，自主构建公司内部合规管理体系。在这一时期，美国已基本实现企业规制模

---

① 陈瑞华：《论企业合规的性质》，载自《浙江工商大学学报》，2021 年第 1 期。

② 在这一阶段，一些企业针对社会对公司不信任的情况，试图通过规范员工的行为来加强自我监管，督促员工依法依规行事。同时，一些行业协会也尝试制定合规指南，督促企业依法依规进行经营活动。H. TODD, *The Criminalization of Compliance*, Notre Dame Law Review, Vol.92：3, P.1215— 1270（2017）.

③ 该法通过严厉的惩罚措施和严格的内部会计制度要求对美国公司进行全方位约束。参见陈瑞华：《企业合规基本理论》，法律出版社 2020 年版，第 309 页。

④ 该法在经过数次修改补充后，变成一种建议性的量刑规则，成为法官量刑时的参考。参见陈瑞华：《企业合规基本理论》，法律出版社 2020 年版，第 309 页。

⑤ 陈瑞华：《安然和安达信事件》，载自《中国律师》，2020 年第 4 期。

式的转变，推动企业合规这种自我规制模式向全行业扩展。[①]

随着美国企业合规制度的普遍实施与日渐完善，不少西方国家，如英国[②]、法国[③]，也逐步接受了企业合规理念，开始建立相应的企业合规制度。此外，还有一些国际组织，将企业合规作为一种"国际执法激励机制"，引导企业开展相应的合规建设。国际标准化组织更是基于各国最新的合规实践，于 2021 年颁布了《合规管理体系要求及使用指南》，这意味着企业合规已经成为一种国际趋势。[④]

随着各国企业合规制度逐渐完善，中国企业在国际交易中面临着越来越严峻的合规挑战，对合规的忽视往往会让企业付出惨重的代价。[⑤]对此，中国于 2017 年发布《关于规范企业海外经营行为的若干意见》，提出了"加强企业海外经营行为合规制度建设"的要求。2018 年，国务院国有资产监督管理委员会发布了《中央企业合规管理指引（试行）》，对中央企业强化合规经营、构建合规体系提供了全面的指导意见。[⑥]同年 5 月，中国国际贸易促进委员会发起设立了全国企业合规委员会，力图在全国确立基本的合规标准和

[①] 美国并非完全抛弃政府规制，而是通过国家监管、强制性自我监管和刑事激励的多元手段共同推动企业合规向全行业扩展。参见梁涛：《美国企业合规制度的构建：国家监管、强制性自我监管与刑事激励》，载自《政治与法律》，2022 年第 7 期。

[②] 英国在借鉴美国企业合规制度的基础上，没有采取刑事追诉的路径，而是通过合规协议与民事追偿的方式激励企业构建合规制度。参见万方：《合规计划作为预防性法律规则的规制逻辑与实践进路》，载自《政法论坛》，2021 年第 6 期；陈瑞华：《英国〈反贿赂法〉与刑事合规问题》，载自《中国律师》，2019 年第 3 期。

[③] 法国在借鉴美国企业合规制度的基础上，创设公共利益司法协议，并将其适用范围扩展到了企业的轻微犯罪。参见戎静：《法国刑事合规暂缓起诉制度之缘起、效果及借鉴》，载自《比较法研究》，2022 年第 3 期；陈瑞华：《法国〈萨宾第二法案〉与刑事合规问题》，载自《中国律师》，2019 年第 5 期。

[④] 李玉华：《我国企业合规的刑事诉讼激励》，载自《比较法研究》，2020 年第 1 期。

[⑤] 梁涛：《企业合规制度的本土化构建模式探索》，载自《北方法学》，2023 年第 3 期。

[⑥] 陈瑞华：《国有企业的合规管理问题》，载自《中国律师》，2019 年第 7 期。

体系。[1] 与美国、英国、法国类似，中国的企业合规制度也很快走上了法律激励的道路，即以合规不起诉制度为主要内容，并逐渐形成了"检察主导"的鲜明特色。[2] 2020 年，最高人民检察院正式开展了"合规不起诉"的试点工作，强调"少捕""少押""慎诉"的司法理念。[3] 2021 年，最高人民检察院发布典型案例与指导案例，对早期的试点经验进行总结，[4] 同时推动建设企业合规第三方监督评估机制。[5] 2022 年，最高人民检察院在全国范围内展开涉案企业合规改革。[6] 不过，我国虽然很快建立起了企业合规管理制度，但我们还缺乏对"自我规制"理念的引导与贯彻。[7]

从企业合规的发展历程可知，企业合规是不同于传统"政府规制"的企业治理模式。"政府规制"主张凭借政府的外部强监管对企业进行规制；企业合规所代表的"自我规制"则主张企业在其内部完善合规管理体系，从而自主规范其日常经营管理行为，自觉遵守相关法律规定。一方面，企业通过"自我规制"避免了承担沉重的法律责任；另一方面，政府也因企业自觉遵守法律规定而节约了规制成本。数据合规是企业合规的新近发展，但其仍然

---

[1] 陈瑞华：《论企业合规的中国化问题》，载自《法律科学》，2020 年第 3 期。

[2] 董坤：《论企业合规检察主导的中国路径》，载自《政法论坛》，2022 年第 1 期。

[3] 最高人民检察院于 2020 年 7 月发布的《关于充分发挥检察职能服务保障"六稳""六保"的意见》。

[4] 最高人民检察院发布了 10 个典型案例和 1 个指导性案例。参见李本灿：《刑事合规制度改革试点的阶段性考察》，载自《国家检察官学院学报》，2022 年第 1 期。

[5] 最高人民检察院等部门于 2021 年 6 月发布的《关于建立涉案企业合规第三方监督评估机制的指导意见（试行）》。学界对企业合规第三方监督评估机制的讨论可参见赵恒：《论涉案企业合规第三方组织的法律地位》，载自《政治与法律》，2023 年第 6 期；李伟：《涉案企业合规第三方监管的中国方案》，载自《法学论坛》，2023 年第 2 期；刘成安、梁志超：《企业合规第三方监督评估机制的争议问题与完善路径》，载自《山东社会科学》，2022 年第 10 期；陈瑞华：《合规监管人的角色定位——以有效刑事合规整改为视角的分析》，载自《比较法研究》，2022 年第 3 期。

[6] 孔令勇：《刑事合规与认罪认罚从宽的融合企业合规从宽制度研究》，载自《中外法学》，2022 年第 3 期。

[7] 陈瑞华：《论企业合规的中国化问题》，载自《法律科学》，2020 年第 3 期。

没有脱离企业合规的"自我规制"理念，而是为这一理念赋予了数字社会的新内涵。

综上，数据合规的"规制史"主要是梳理企业合规的发展史，因为二者都具备"自我规制"的理念根源。如有学者所指出的，"企业合规"是"合规"之总论，"数据合规"是"（企业）合规"之分论。[①] 因此，想要搞清楚数据合规起源，我们首先需要对企业合规的起源进行考察。企业合规发展史中一以贯之的"自我规制"理念为数据合规所承继，并在数字社会中被赋予了新的内涵。

（二）数据合规的立法史

基于数据合规相对于企业合规的特殊性，数据合规的"风险史"呈现了数字社会的数据风险治理史，进而明晰数据合规基于数据风险的方法论要点。数据合规是企业合规应对现代数字社会的时代方案。

在我国立法上，一般不采用"数据风险"的表述，而更倾向于采用"数据安全"或"数据保护"等正面表述。事实上，无论是"数据安全法"还是"数据保护法"，在大数据时代，企业都需要以风险预防与风险治理为核心，即设立"数据风险法"。[②] 早在 1993 年，我国施行过一部国家安全法，但其中并未涉及"数据安全"方面的内容，这为 2015 年出台的《中华人民共和

---

① 李勇：《数据合规的模式变革——从权利人"知情同意"到使用者"预测算法"》，载自《西南政法大学学报》，2022 年第 5 期。

② Martin Eer，Philip Kramer und Kai von Lewinski，Auernhammer DSGVO BDSG: Datenschutz - Grundverordnung，Bundesdatenschutzgesetz und Nebengesetze Kommentar，Carl Heymanns Verlag，2017，S. 16ff.

国国家安全法》（简称《国家安全法》），埋下了伏笔。中国在数据保护与数据安全方面的立法在很大程度上是受外界推动的结果。2013 年，中国加紧开展数据保护与数据安全立法，[①] 施行的《国家安全法》第 25 条提出，要实现"数据的安全可控"。然而，由于《国家安全法》涉及整个国家安全体系，因此未能从数据风险治理的角度对数据保护制度进行规定。2017 年正式施行的《网络安全法》第 21 条确立了针对网络运营者的网络安全等级保护制度，其中的"制定内部安全管理制度和操作规程"被学者认为是"数据合规义务的法定化"。[②] 更为重要的是，该法开始从风险防范的角度设计数据保护制度，如《网络安全法》第 10 条规定："建设、运营网络或者通过网络提供服务，应当依照法律、行政法规的规定和国家标准的强制性要求，采取技术措施和其他必要措施，保障网络安全、稳定运行，有效应对网络安全事件，防范网络违法犯罪活动，维护网络数据的完整性、保密性和可用性。"第 17 条规定："国家推进网络安全社会化服务体系建设，鼓励有关企业、机构开展网络安全认证、检测和风险评估等安全服务。"

然而，国际形势风云突变。就在《网络安全法》施行的同年，欧盟开始颁布实施《通用数据保护条例》（General Data Protection Regulation，GDPR），将个人信息视为一种公民的基本权利加以保护，并规定欧盟以外其他国家的企业必须在达到相应的数据保护合规要求的情况下，才可与欧盟成员国内的企业进行数据流通交易。这在某种程度上可视为欧盟对全球数据治

---

① 阙天舒、王子玥：《数字经济时代的全球数据安全治理与中国策略》，载自《国际安全研究》，2022 年第 1 期。

② 李勇：《数据合规的模式变革——从权利人"知情同意"到使用者"预测算法"》，载自《西南政法大学学报》，2022 年第 5 期。

理话语权的争夺尝试，[①] 同时也是水涨船高的国际数据合规标准的具体体现。而在具体的规范设置上，GDPR 通过开放界定 "数据处理" 的概念[②]、为不同的信息基本权设置风险分级[③] 等措施，为公民的个人信息与数据提供了全方位的保护。在国际掀起数据保护的立法浪潮之下，中国于 2021 年颁布了《数据安全法》。该法认识到数据安全风险的特殊性，[④] 在制度上建立数据安全风险评估（第 30 条）、监测（第 29 条）等风险治理机制，在运行中加强数据安全风险信息的获取、分析、研判、预警工作（第 22 条）。在数据合规方面，《数据安全法》第 27 条第 1 款规定了数据处理者的 "建立健全全流程数据安全管理制度" 义务，第一次在立法上为数据合规的 "数据生命周期" 要点提供了规范依据。

2021 年颁布的《个人信息保护法》也同样重视从数据风险治理的角度设计个人信息处理规则。更为重要的是，《个人信息保护法》在法律文本中针对个人信息保护使用了 "合规" 的表述。《个人信息保护法》第 58 条第 1 项规定，"按照国家规定建立健全个人信息保护合规制度体系，成立主要由外部成员组成的独立机构对个人信息保护情况进行监督"；《个人信息保护法》

---

① 叶开儒：《数据跨境流动规制中的 "长臂管辖" ——对欧盟 GDPR 的原旨主义考察》，载自《法学评论》，2020 年第 1 期。

② 开放界定 "数据处理" 概念能够防止产生规避风险，使自然人的权利保护处于技术中立立场。参见 GDPR 序言第 15 项。

③ GDPR 将个人数据分为一般数据和特别类型数据。前者指任何能以直接或间接方式识别个人身份的数据，包括通过 IP、浏览记录产生的数字轨迹和可追踪识别特定主体的身份信息；后者指揭示人种、政治倾向、宗教、哲学信仰、生物特征、基因、健康相关、性生活与性倾向的数据，亦称 "敏感数据"。两类数据的处理规则不同，一般类型的个人数据，可以基于数据主体同意的前提进行数据处理，对特殊类型的个人数据进行处理，原则上是被禁止的，但非绝对禁止。参见金晶：《欧盟〈一般数据保护条例〉：演进、要点与疑义》，载自《欧洲研究》，2018 年第 4 期。

④ 朱雪忠、代志在：《总体国家安全观视域下〈数据安全法〉的价值与体系定位》，载自《电子政务》，2020 年第 8 期。

第 54 条规定："个人信息处理者应当定期对其处理个人信息遵守法律、行政法规的情况进行合规审计。"

在中国有关数据保护的立法沿革中，数据风险的地位不断得到重视，逐渐成为指导数据治理的主要理念与重要手段。这是数据洪流下的时代趋势。大数据时代的数据价值体现在对数据的利用和再利用上，即运用算法对海量数据进行分析处理，从而进行自动化决策，实现对特定目标的精准预测。[①]然而，大数据时代也是一个"风险社会"，充斥着各种"数据风险"。就此而言，数据合规的方法论就在于探寻"数据风险治理"的基本逻辑。[②]

三、数据合规的总体图景的提出

行文至此，让我们总结一下本章分析的基本结论。首先，针对"数据合规是什么"这一问题，本书提出通过两个关键词进行理解："数据生命周期"与"自我规制"。结合这两个关键词，"数据合规"指的是企业在数据生命周期中基于自我规制的理念，自主建立公司内部的合规管理制度，规范自己的数据处理行为，从而使行为符合相关法律规定。

"数据生命周期"与"自我规制"两个关键词的意义还不止于此。"自

---

①　这种大数据预测、画像已经渗透到各行各业，正在迅速变革商业模式、生产力结构、生活方式，大数据预测正在开启重大的时代转型。参见丁晓东：《论算法的法律规制》，载自《中国社会科学》，2020 年第 12 期。

②　有学者已指出，数据合规的重点不是保障采集、收集时用户的"知情同意"，而是防止滥用数据进行预测的"算法霸权"。就此而言，对数据风险的治理应由原来的行为规制模式（事后）转向适应大数据时代的风险治理模式（事前）。参见李勇：《数据合规的模式变革——从权利人"知情同意"到使用者"预测算法"》，载自《西南政法大学学报》，2022 年第 5 期。

我规制"可以进一步解释"数据合规为了什么"的问题。在根本上来看，自我规制的原因在于当规制资源不再集中于政府手中，而是分散于企业等非政府主体之间时，降低数据风险的有效途径就是让企业依据自身的规制资源实现自我规制，政府只是起到兜底与矫正的作用，从而实现"规制空间"的重构。之所以会发生这一转变，一方面源于"规制悖论"，即规制资源总是有限的，仅可投注于较为重要的规制事项上。这就要求其他主体参与到规制事业。如果被规制对象掌控了规制资源，也可以发挥规制作用，这就是法律3.0 的基本理念。

"数据生命周期"提供了数据合规的方法论逻辑，可以进一步回答"数据合规怎么做"的问题，即在整个数据生命周期中，存在着各种数据风险，合规义务主体在进行数据合规时，只有沿着数据生命周期设计合规规划，针对各种数据风险进行相应的合规制度建设，才能有效地实现数据风险治理，达到合规的要求。

第二章

数据合规的正当性基础

要建立一个数据合规的基础理论框架，首先要做的是确定合规"义务"正当性来源。企业为什么具有合规的"义务"？一方面，这是法律对于企业的具体要求，如对中央企业的合规规定；另一方面，是交易环境的具体要求，比如上海数据交易所要求数据提供者进所交易应提供数据交易的合规报告。在法定义务之外，面对不同场景下纷至沓来的合规义务，应如何解释企业合规的正当性，亟待理论上的讨论。

一、数据合规与规制的关系

数据合规是规制的一种。规制理论的一个核心预设是，规制目的的实现依赖于规制资源，而规制资源总是不足的，因此，需要被规制主体运用自身资源实现规制目的。这在理论上就产生了所谓"自我规制"这一新的规制方式，它有别于传统的"政府规制"。之所以要通过"自我规制"而非"政府规制"实现数据合规，原因就在于，规制资源已在整个社会扩散，而体现

"自我规制"的数据合规力图重新设计"规制空间"，从而实现更有效的社会治理。

要理解数据合规是一种"自我规制"这一命题，需要首先明确数据合规与规制的关系。规制有狭义与广义之分。狭义规制最初是一个经济学概念，指依据一定的规则对构成特定社会的人和构成特定经济的经济主体的活动进行限制的行为。[①] 尽管狭义规制概念的运用逐渐扩展到了其他领域，但其政府规制的基本特征并未改变，即并不包含其他非政府主体进行的规制。[②] 斯科特对广义规制概念进行了经典阐述："规制作为一种当代政策工具，其核心含义在于指导或调整行为活动，以实现既定的公共政策目标。"[③] 按照斯科特的界定，规制的核心在于"实现公共政策目标"，但这一界定并未对实施规制的主体进行限制。在斯科特看来，随着社会的日益发展，非政府主体已经在事实上承担着某种规制职能，并运用比政府治理更为多样化的规制手段实现公共政策目标。[④] 在这一背景下，应转变传统的狭义规制思维（仅指政府规制），迈向广义规制时代（规制主体与规制手段的多元化，尤其强调非政府规制的作用）。结合前文关于数据合规史的考察可知，数据合规作为企业合规的特别类型，正是广义规制概念在企业中的适用与落实，即企业作为非政府主体，也可以承担一定的规制职能，从而实现自我规制。

---

① 植草益. 微观规制经济学 [M] 朱绍文等，译. 北京：中国发展出版社，1992.
② 其观点可以简要概括经济学对规制概念的基本认识："政府规制是政府部门通过对某些特定产业或企业的产品定价、产业进入与退出、投资决策、危害社会环境与安全等行为进行的监督与管理。"参见杨建文. 政府规制——21世纪理论研究潮流 [M]. 上海：学林出版社，2007.
③ 斯科特. 规制、治理与法律：前沿问题研究 [M]. 安永康，译. 北京：清华大学出版社，2018.
④ 斯科特. 规制、治理与法律：前沿问题研究 [M]. 安永康，译. 北京：清华大学出版社，2018.

二、规制资源的格局转变

"规制"的目的在于实现特定的公共政策目标。[1] 数据合规作为一种规制手段或规制方式，其目的在于使企业的数据处理行为符合相关法律规定。

传统观点认为，经典的科层式"政府规制"能够最大程度地集中规制资源，从而实现特定的公共政策目标。[2] 然而，这种"政府规制"在实效上有局限性，其主要缺陷在于中心化的权力集中方式无法有效面对日益复杂的规制需求。基于此，不少学者尝试提出"回应性规制"[3]"强制的自我规制"[4]"三方主体模式"[5]"良性大枪"[6]等理论进行修正或替换。这些修正理论的背后都存在着这样的一个预设：规制资源并不仅仅掌握在政府手中，而是分散于政府以及社会的各种非政府主体之间。

所谓"规制资源"，并不限于国家正式权力，还包括财富、信息等能力，而企业作为最具活力的市场单位，往往具有很大的财富优势与信息优势。就财富优势而言，虽然企业的财力无法匹敌国家财政，但国家财政的使用往往存在很多限制，包括实体性限制与程序性限制，而企业对其财富的使用享有

---

① See Philip Selznick, *Focusing Organizational Research on Regulation*, in Roger G. Noll ed., Regulatory Policy and the Social Sciences, University of California Press, 1985, P.363.

② 王俊豪.政府管制经济学导论：基本理论及其在政府管制实践中的应用［M］.北京：商务印书馆，2017.

③ Ian Ayres and John Braithwaite, *Responsive Regulation: Transcending the Deregulation Debate*, Oxford University Press.1992.

④ Crown Prosecution Inspectorate Act 2000; Christopher Hood, Oliver James and Colin Scott, *Regulation of Government: Has it Increased, is it Increasing, Should it be Diminished?*.78 Public Administration 294（2000）.

⑤ Unfair Terms in Consumer Contracts Regulation 1999（S. I. 1999 No. 2083），Sched. 1.

⑥ Better Regulation Task Force, Enforcement Concordat（1998）.

很大的自主性与灵活性；就信息优势而言，政府主要通过宏观调控来影响市场，但其需要依据来源于市场的各种信息才能及时进行政策调整，而企业由于更加接近市场，其信息渠道往往更为多样化，能够获取更丰富的一手信息。

在大数据时代，数据洪流推动着几乎所有企业进行着数字化转型。在转型过程中，数据尤其是大数据的价值进一步显现。数据开始作为一种资源登上市场舞台，成为企业公认的竞争性优势。同时，数据还可以成为一种规制资源，政府可以依托公共数据实现数字化转型，构建"数字政府"，推动治理的数字化转型，加强其对企业的规制能力。然而，企业除了可以通过公共数据的开放或者授权运营等方式使用公共数据，还享有用丰富的非公共数据资源与信息资源处理数据信息的智能系统。这些规制资源使企业在某种程度上获得了相当大的非正式权力，这种非正式权力甚至能对正式权力秩序产生显著的影响。

在规制资源的格局转变下，作为一种新规制方式的数据合规被提出。数据合规主张依托企业拥有的规制资源，针对数据处理的行为实现某种程度上的"自我规制"，从而弥补传统"政府规制"的实效局限性。

三、规制空间的重构

面对规制资源分布格局的转变，"自我规制"成为规制理论的必然选择，其目的在于最大限度地激励多元主体并调动规制资源，进而实现合理的规制效果。这种在各主体之间合理配置规制资源的理论主张，被称为"规制空间"理论。

"规制空间"理论的核心观点可归纳为以下两点：其一，只有掌握规制资源才能实现有效规制；其二，规制资源呈现分散化或碎片化的状态，需要得到合理配置与组织。[①] 就数据合规而言，其政策考量的基本逻辑是：在大数据时代，企业掌握着丰富的数据、算力与算法等规制资源，因此拥有很大的规制能力，可以且应当实现某种程度上的"自我规制"。而这种政策考量意味着对传统"政府规制"视野下的"规制空间"进行重构，即规制资源不再仅仅掌握在政府手中，而应当承认政府与其他非政府主体共同分享规制资源，并且彼此之间相互依赖、相互支持、相互制衡。在这个意义上，数据合规代表的是一种规制改革理念，即"重构规制空间"[②]。

数据合规意义下的"规制空间"包括两种规制手段："自我规制"（主要部分）与"元规制"（辅助部分）。具体来说，"自我规制"旨在鼓励、引导企业自主针对其数据处理行为开展公司内部的合规建设，从而符合相关规定。"自我规制"构成了数据合规"规制空间"的主要部分，但需要特别指出的是，提倡"自我规制"并不意味着彻底排斥或否定"政府规制"，因为企业的自我规制更多只是为了适应日益复杂的治理现状，而自我规制本身同样存在不足之处，即企业的市场导向属性与其所被赋予的公共规制职能之间的张力。具体而言，自我规制的理念为企业获得事实上的规制权力提供了制度空间，但若不对这一"私权力"进行有效的管控，那么这种权力仍然会失控，甚至可能被企业用于谋取更多经济利益，从而导致"权钱结合"的不良

---

① See Leigh Hancher and Michael Moran, *Organising Regulatory Space* in Leigh Hancher and Michael Moran eds., Capitalism, Culture, and Economic Regulation Clarendon Press , 1989.

② Michael Clarke, *Regulation: The Social Control of Business between Law and Politics*, Palgrave Macmillan，2000，P.25-26.

后果。就此而言，在以"自我规制"为主导的数据合规下，政府应转变其规制角色，途径是从传统的"政府规制"转变为"元规制"。

所谓"元规制"，又称"对自我规制的规制"[①]，指的是公权力对企业的自我规制施加外部监督和限制的一种规制模式。[②] 元规制在数据合规领域的提出，主要是基于对算法的担忧。算法问题已经充斥于我们的日常生活中，如算法歧视带来的不平等性[③]、数字鸿沟加剧的贫富悬殊[④]、算法对自由选择的遮蔽与阻碍、数据共享带来的不安全性[⑤]等。事实上，随着数字化转型的逐渐深入，企业所拥有的数据资源愈加丰富，在丰富数据资源的支撑下进一步形成了强大的算法能力，这种算法能力如果不受到约束，就可能成为一种"算法权力"或"算法利维坦"。正如有学者所指出的，在信息控制者利用激励与保护激励明显失衡的结构下，如果缺乏外部干预与政府监管，势必产生

---

① Jacco Bomhoff and Anne Meuwese, *The Meta-regulation of Transnational Private Regulation*, Journal of Law and Society, Vol. 38：1, P.141（2011）。也有学者从广义角度理解元规制，认为元规制是对规制者的规制。规制者既可以是公共机构，也可以是私人企业以及第三方。参见 Christne Parker, *The Open Corporation: Effective Self-Regulation and Democracy*, Cambridge University Press2002, P.15.
② 鲍德温，凯夫洛奇.牛津规制手册［M］.宋华琳等，译.上海：上海三联书店出版社，2017.
③ 在日常生活中，个性化规制被广泛地适用于商业评估当中，如信用评估、偏好预测以及广告推送等。很多商业主体通过采用动态定价策略，对不同的消费主体显示不同的标价，这种价格歧视行为被称为"大数据杀熟"。参见李晟：《略论人工智能语境下的法律转型》，载自《法学评论》，2018 年第1 期。
④ 随着网络化的不断扩张，机器设备越发精密，人工智能系统不断升级，绝大多数的普通人在不知不觉中成了人工智能系统中那一个个渺小的"数据零部件"，甚至成为人工智能系统的"奴隶"。这使得"数字鸿沟"不断加深。参见孙伟平：《关于人工智能的价值反思》，载自《哲学研究》，2017 年第10 期。
⑤ 在当前的信息化社会中，通过算法技术将不同渠道收集来的各种碎片化的个人信息进行数据分析，进而可以拼凑出一份个人的数字化人格。这种人格的建立在很大程度上是个人在完全不知情的情况下被迫进行的。互联网、大数据和算法技术的共同作用，使得人类在如今和将来完全不再具有个人隐私。参见吴军：《智能时代——大数据与智能革命重新定义未来》，2016 年版，第 36 页。

"丛林法则"和对个人信息的肆意滥用。[1]元规制在数据合规中的具体适用，主要体现在政府对企业开展数据合规之整体情况的基本要求与监督机制上，即政府往往会为企业开展数据合规设置基本的指引与红线。例如，在数据采集阶段要求企业满足最小必要原则，这往往涉及代码的设计问题（如何平衡法律基本原则的体现与企业的代码设计自主权）；在数据处理阶段禁止企业对数据进行过度挖掘，进而造成对信息主体的不当画像与隐性歧视，这就涉及相关数据处理程度的技术标准问题（如何平衡企业的市场导向属性与个人信息数据的保护）。概言之，元规制是对企业进行自我规制的兜底，保障企业不会滥用其基于自我规制而享有的权力。

在具体的组织架构上，元规制仍然需要通过具体的机构与制度嵌入企业的自我规制体系，即政府与企业之间需要建立起某种沟通协调机制。《个人信息保护法》第58条第1项规定，"按照国家规定建立健全个人信息保护合规制度体系，成立主要由外部成员组成的独立机构对个人信息保护情况进行监督"，可以看作是元规制的一种机构安排设想。该条款所言之独立机构，学界对其存在不同认识，如社会独立机构说、国家监管部门说[2]、企业内设机构说[3]，但无论持何种观点，独立机构应承担的职责是非常明确的，即对企业的信息保护合规建设行使监督权。具体而言，独立监督机构虽然设置于企业内部，但其仍然保持很强的独立性，其在履职时可以进行独立、客观和公平的判

---

[1] See David Garland, *The Culture of Control: Crime and Social Order in Contemporary Society*, *The University of Chicago Press*, 2001.
[2] 2013年全国人民代表大会通过《国务院机构改革和职能转变方案》，2018年全国人民代表大会审议通过《国务院机构改革方案》，大力推进服务型政府的建设。
[3] 虞伟：《个保法要求建外部独立监督机构，互联网平台为何按兵不动》，载自《21世纪经济报道》，2021年，第3版。

断,从而有利于数据安全和企业商业秘密的维护。[①] 以数据传输阶段的技术指标为例,保障数据传输安全的加密技术需要由独立监督机构开展评估。关于独立机构的独立性,目前有几种不同的认识:一是独立于大型互联网平台企业,作为行使社会监督权力的独立机构;二是独立于大型互联网平台企业,作为国家监管部门行使监管权力的独立机构;三是内设于大型互联网平台企业,与企业的日常经营管理部门隔离,独立进行个人信息保护监督的机构。

综上所述,数据合规视野下的新"规制空间"包含两个部分:主要部分是"自我规制",即企业依托于其享有的数据等规制资源,自觉针对其数据处理行为,在公司内部开展合规建设,从而符合相关法律规定;辅助部分是"元规制",即政府需要对企业的自我规制进行监督、限制与矫正,从而防止企业的数据等规制资源异化为一种不受限制的算法权力。

---

① 张新宝:《大型互联网平台企业个人信息保护独立监督机构研究》,载自《东方法学》,2022 年第 4 期。

第三章

数据合规的实践路径

数字社会的"风险"已经逐渐呈现新的内涵，出现了富有技术色彩、连续性与虚拟性的"数据风险"。这些特点挑战了既有的风险理论。如何识别并有效治理这些数据风险，构成了企业合规的基本目的与任务。数字风险认知、评估与治理构成了理解数据合规的基本逻辑和方法论。

一、数据风险管理

数据合规的起点是数据风险的发现与认知，终点则是实现对数据生命周期的数据风险进行全方位的有效治理，为此需要建立一套完善的数据"风险管理"体系。国际标准化组织和国际电工委员会（International Electrotechnical Committee，IEC）于 2009 年发布的风险管理国际标准——《风险管理：原则与指南》将"风险管理"（risk management）界定为针对风险所采取的组织控制活动。具体到数据合规所要实现的"数据风险管理"，则意味着企业需要认识到数据处理的活动风险，后续由组织内部对风险进行系统性控制。

　　传统的风险管理主张部门调控，即根据风险的来源让不同部门采取不同的风险管理方式，这称为"竖井式"管理，这一模式已被认为因缺乏系统性，存在严重缺陷。以数据合规为例，数据合规涉及的风险来源各不相同，这种情况将导致一个企业对于数据风险的认识与处理方式不一致，从而无法实现对数据生命周期的有效风险治理。现代的风险管理理论更加重视对风险的全面管理，即"整体风险管理"（Enterprise Risk Management，ERM）[①]。这种现代风险管理理论与基于数据生命周期的数据合规风险治理理念相符。数据风险管理的理念已经有所实践，在规范层面，上海市杨浦区人民检察院等发布的《企业数据合规指引》第 5 条已提出了"数据合规管理"的基本指导理念，[②]且从条文设置上看，数据合规管理已经被视为一种"风险管理"。

　　数据风险管理可以分为两个部分："数据风险的识别"与"数据风险的预防"。前者是认识论问题，即只有在认识到数据风险将在何种场域出现，才能对数据风险进行管理；后者是方法论问题，即在认识到数据风险的前提下，对数据风险采取相应的预防措施（见图 3-1）。

[①]　Society of Actuary, Enterprise Risk Manafement Specialty Guide. 2005:8-10.
[②]　上海市杨浦区人民检察院等发布的《企业数据合规指引》第 5 条："引导各类企业开展数据合规管理是降低企业及其员工涉数据类违法犯罪风险的重要举措，对于建立现代化的企业合规管理制度和文化具有重要意义，有利于促进企业合规守法经营，推动企业在市场竞争的道路上行稳致远。"

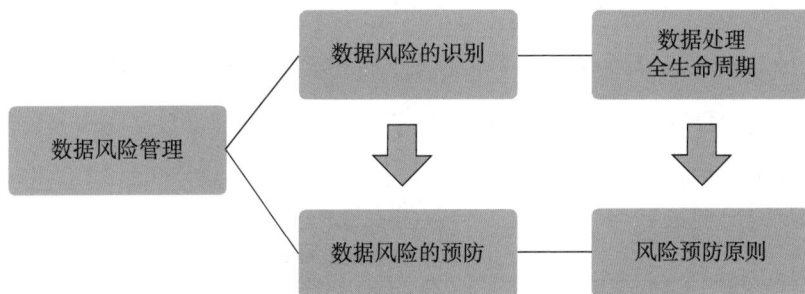

图 3-1 数据风险管理组成

二、数据风险的识别：数据处理生命周期

对于数据风险的管理，始于对数据风险的科学认知，这需要我们回归数据处理的事物本质，全面地认知数据风险，"数据处理生命周期"的概念应运而生。"数据处理生命周期"的概念来自生物学上的"生命周期"[①]。随着数字社会的到来，"数字处理生命周期"逐渐作为一种揭示数据风险治理规律的方法被提出。[②]在国际上，逐步发展出具有代表性的数据处理生命周期模型，包括 DDI 模型[③]、

[①] 生命周期最初在生物学中，指生物生老病死的客观生命演化发展规律，如今这一概念被广泛应用于社会科学研究中，特指某事物或社会现象在一定时间跨度内经历一系列不同发展阶段的历程。参见曹秀丽、赖朝新：《E-Science 环境下科研——数据双生命周期模型初步研究》，载自《情报理论与实践》，2022 年第 6 期。

[②] Corti L, Eynden V, Bishop L, et al., Managing and sharing research data : a guide to good practice, Sage, 2019.

[③] 全称为 Date Documentation Initiative，由美国校际社会科学数据共享联盟提出，包括研究概念、数据收集、数据处理、数据存档、数据分发、数据发现、数据分析、重新调整用途。

DCC 模型①、Data ONE 模型② 等。我国对数据处理生命周期的理解可从《信息安全技术 数据安全能力成熟度模型》（GB/T 37988–2019）得知，数据安全措施包括数据采集、数据传输、数据存储、数据处理、数据交换和数据销毁，如表 3-1 所示。

表 3-1　数据处理生命周期

数据处理各阶段	数据采集	数据传输	数据存储	数据处理	数据交换	数据销毁
数据安全措施	分类分级、采集安全管理、源鉴别及记录、质量管理	传输加密、网络可用性管理	存储媒体安全、逻辑存储安全、数据备份和恢复	脱敏、分析安全、正当使用、处理环境安全、导入导出安全	数据共享安全、数据发布安全、数据接口安全	销毁处置、存储媒体销毁处置

此处需要对有关术语进行说明。"数据处理生命周期"的"数据处理"是广义的，即包括数据采集、数据传输、数据存储等所有数据处理行为。"数据处理生命周期"中的一个阶段是"数据处理"，此处是狭义的，既包括数据的匿名化、脱敏等消极处理，也包括数据加工与分析等积极处理。

（一）数据采集阶段的风险

数据采集在狭义上专指对数据的获取与收集，但近年来随着数据来源与渠道的不断丰富，数据采集逐渐演变为一个包含数据获取、数据挖掘、数据

---

① 全称为 Digital Curation Center，由英国数据管护中心提出，包括数据概念化、数据创建与获取、数据评价与选择、数据摄取、数据保护、数据存储、数据传递与利用、数据转换、数据处理。
② 全称为 Data ONE Date Lifecycle，由美国国家科学基金会提出，包括数据收集、数据保证、数据描述、数据存放、数据保存、数据发现、数据集成、数据分析。

汇集以及数据筛选等多流程的广义范畴。[1] 数据采集是数据处理生命周期的起点，它既是数字经济的源头保障，也是众多数据风险的集中阶段。

1. 数据采集的前提：数据分类分级

《网络安全法》第 21 条规定的"网络安全等级保护制度"提出了"数据分类"的要求，[2]《数据安全法》第 21 条则正式确立了"数据分类分级保护制度"。[3] 在数据分类分级制度已经确立的情况下，《个人信息保护法》第 51 条进一步在"数据分类"上明确"对个人信息实行分类管理"的要求，[4] 并在"数据分级"上区分"一般个人信息"与"敏感个人信息"，从而对二者实行不同程度的保护。[5]

---

[1]　郭海玲、刘仲山：《GDPR 对我国跨境数字贸易企业个人数据保护研究——基于数据生命周期理论》，载自《情报杂志》，2023 年第 9 期。

[2]　《网络安全法》第 21 条："国家实行网络安全等级保护制度。网络运营者应当按照网络安全等级保护制度的要求，履行下列安全保护义务，保障网络免受干扰、破坏或者未经授权的访问，防止网络数据泄露或者被窃取、篡改：（一）制定内部安全管理制度和操作规程，确定网络安全负责人，落实网络安全保护责任；（二）采取防范计算机病毒和网络攻击、网络侵入等危害网络安全行为的技术措施；（三）采取监测、记录网络运行状态、网络安全事件的技术措施，并按照规定留存相关的网络日志不少于 6 个月；（四）采取数据分类、重要数据备份和加密等措施；（五）法律、行政法规规定的其他义务。"

[3]　《数据安全法》第 21 条："国家建立数据分类分级保护制度，根据数据在经济社会发展中的重要程度，以及一旦遭到篡改、破坏、泄露或者非法获取、非法利用，对国家安全、公共利益或者个人、组织合法权益造成的危害程度，对数据实行分类分级保护。国家数据安全工作协调机制统筹协调有关部门制定重要数据目录，加强对重要数据的保护。关系国家安全、国民经济命脉、重要民生、重大公共利益等数据属于国家核心数据，实行更加严格的管理制度。各地区、各部门应当按照数据分类分级保护制度，确定本地区、本部门以及相关行业、领域的重要数据具体目录，对列入目录的数据进行重点保护。"

[4]　《个人信息保护法》第 51 条："个人信息处理者应当根据个人信息的处理目的、处理方式、个人信息的种类以及对个人权益的影响、可能存在的安全风险等，采取下列措施确保个人信息处理活动符合法律、行政法规的规定，并防止未经授权的访问以及个人信息泄露、篡改、丢失：（一）制定内部管理制度和操作规程；（二）对个人信息实行分类管理；（三）采取相应的加密、去标识化等安全技术措施；（四）合理确定个人信息处理的操作权限，并定期对从业人员进行安全教育和培训；（五）制定并组织实施个人信息安全事件应急预案；（六）法律、行政法规规定的其他措施。"

[5]　《个人信息保护法》第二章中第一节与第二节的有关规定。

　　一般而言，"数据分类"更多从业务角度执行，而"数据分级"更多从安全角度出发。可以认为，"数据分类"是横向操作，"数据分级"是纵向操作。按此逻辑，要在数据处理的过程中落实分类分级，企业需要先对数据进行分类，然后再对每一类数据进行重要程度分级。"数据分类"存在不同做法，数据安全能力成熟度模型（DSMM）将数据分为三类：重要数据[①]、个人及企业数据[②]和业务数据[③]；此外，还可以根据企业具体情况，按行业领域、业务属性进行分类。在"数据分级"上，《网络数据安全管理条例（征求意见稿）》按照数据对国家安全、公共利益或者个人、组织合法权益的影响和重要程度，将数据分成三个级别：核心数据、重要数据和一般数据，从而对数据实行针对性保护。[④]

　　从风险管理的角度看，数据分类相当于将不同领域的数据风险进行分类管理，数据分级则要求企业针对不同级别（如危害程度、发生可能性）配置不同的规制资源，从而实现对数据风险的有效治理。

2. 数据采集的要件：知情同意

　　数据采集要具备合法性要件与合理性要件，其关键在于满足"知情同

---

① 包括危害国家安全的数据，危害公共利益、生命财产安全的数据，危害国家关键基础设施的数据，扰乱市场秩序的数据，可推论出国家秘密的数据。

② 包括直接个人信息（单独识别本人）、间接个人信息（不能单独识别）、与企业直接或间接相关的信息。

③ 包括完成业务使命数据、运行过程产生的数据。

④ 《网络数据安全管理条例（征求意见稿）》第 5 条："国家建立数据分类分级保护制度。按照数据对国家安全、公共利益或者个人、组织合法权益的影响和重要程度，将数据分为一般数据、重要数据、核心数据，不同级别的数据采取不同的保护措施。国家对个人信息和重要数据进行重点保护，对核心数据实行严格保护。各地区、各部门应当按国家数据分类分级要求，对本地区、本部门以及相关行业、领域的数据进行分类分级管理。"

意"规则。"知情同意"规则来源于个人信息自决权，^①其目的在于尊重自然人的人格尊严。其中，"知情"是个人信息控制权的基础，体现为"知情权"；"同意"指个人信息主体意识到各种可能性并作出选择的自由意志，体现为"决定权"。《网络安全法》^②与《数据安全法》^③都对"知情同意"规则进行了一般规定，但《个人信息保护法》的"知情同意"体系更为全面，如表 3-2 所示。

表 3-2　《个人信息保护法》的"知情同意"体系

条号	规范目的
第 13 条	知情同意规则
第 14 条	同意规则
第 15、16 条	同意撤回规则
第 17 条	告知规则
第 18 条	告知规则的例外
第 21 条	委托处理个人信息同意规则
第 22 条	转移个人信息同意规则
第 23 条	第三方处理个人信息同意规则
第 24 条	自动化决策透明度规则

---

① 张勇：《App 个人信息的刑法保护：以知情同意为视角》，载自《法学》，2020 年第 8 期。

② 如《网络安全法》第 41 条："网络运营者收集、使用个人信息，应当遵循合法、正当、必要的原则，公开收集、使用规则，明示收集、使用信息的目的、方式和范围，并经被收集者同意。网络运营者不得收集与其提供的服务无关的个人信息，不得违反法律、行政法规的规定和双方的约定收集、使用个人信息，并应当依照法律、行政法规的规定和与用户的约定，处理其保存的个人信息。"

③ 如《数据安全法》第 32 条："任何组织、个人收集数据，应当采取合法、正当的方式，不得窃取或者以其他非法方式获取数据。法律、行政法规对收集、使用数据的目的、范围有规定的，应当在法律、行政法规规定的目的和范围内收集、使用数据。"

（续表）

条号	规范目的
第 25 条	公开处理个人信息同意规则
第 26 条	个人图像、身份识别信息同意规则
第 27 条	处理已公开个人信息同意规则
第 29、30 条	处理敏感个人信息同意规则
第 31 条	未成年人同意规则
第 35 条	国家机关处理个人信息同意规则
第 39 条	个人信息跨境提供同意规则

"知情同意"规则是权利导向的，即将数据视为特定主体的权利，从而对这种权利提供保护措施。然而，这种权利思维只适用于"小数据"时代的数据保护需求，而逐渐无法面对来自大数据时代的挑战，并使得"知情同意"流于形式，[①]难以适应维护公共利益的需要，[②]阻碍数字经济发展[③]等困境。就此而言，不少学者尝试对"知情同意"规则进行调整与修正，提出了

[①] 一方面，大数据时代，个人信息的内涵日益模糊、范围不断扩大，这使得知情同意机制日益僵化；另一方面，大数据时代，自然人的认知能力有限，其弱势地位导致知情同意机制往往流于形式，甚至名存实亡。参见高富平：《个人信息使用的合法性基础——数据上利益分析视角》，载自《比较法研究》，2019 年第 2 期。

[②] 个人信息代表的是个人利益，公共安全、国家安全等代表的是公共利益；收集、使用、处理个人信息需要告知相关主体并征得其同意，这彰显了对个人利益的保护。然而，在个人信息保护中，不仅涉及个人利益，还涉及他人利益、企业利益、公共利益等，这必然面临着利益取舍和平衡问题。参见高志宏：《公共利益观的当代法治意蕴及其实现路径》，载自《政法论坛》，2020 年第 2 期。

[③] 大数据二次利用模式的多元性以及流转方式的多样性，客观上使数据控制者难以追踪回原数据主体并寻求他们的同意，如果严苛遵守知情同意机制，大数据产业将无法获取足够多的分析材料，这势必会阻碍信息流通，影响数字经济发展。参见谢琳：《大数据时代个人信息使用的合法利益豁免》，载自《政法论坛》，2019 年第 1 期。

"动态知情同意框架"[①]"数据自决权的合比例再分配"[②]等学说，尝试让"知情同意"原则能够更加灵活地适应大数据时代的数据洪流，但以上都无法改变"知情同意"原则的适用已经失灵的事实。

可见，大数据时代的数据风险已不是简单的"知情同意"原则可以有效应对的。正如有学者所提倡的，对数据风险的治理应由原来的行为规制模式（事后）转向适应大数据时代的风险治理模式（事前）。[③]数据合规同理，其应以数据风险的治理为核心要点，构建全方位的数据管理流程体系。

（二）数据传输阶段的风险

数据从一个节点流向下一个节点的过程就是数据传输过程，在组织内部、外部每时每刻都在进行数据传输。[④]数据传输是数据流通的关键，也是推动静态数据进行动态发展的必备环节，众多数据风险也往往存在于这个动态阶段中。根据《信息安全技术 数据安全能力成熟度模型》，数据传输阶段主要关注的是数据泄露风险。[⑤]

一般而言，防范数据泄露、保障数据传输安全的主要技术方法是数据加密，即采用密码技术对传输的明文数据本身进行加密，保证数据的安全。[⑥]数据加密有不同的分类方式。根据加密位置或加密时间进行分类，可以分为

[①]　唐林垚：《数据合规科技的风险规制及法理构建》，载自《东方法学》，2022年第1期。

[②]　敬力嘉：《个人信息保护合规的体系构建》，载自《法学研究》，2022年第4期；敬力嘉：《单位犯罪刑事归责中数据合规师的作为义务》，载自《北方法学》，2021年第6期。

[③]　齐延平：《数智化社会的法律调控》，载自《中国法学》，2022年第1期。

[④]　罗文华：《基于生命周期的数据跨境流动程序性与实质性监管》，载自《中国政法大学学报》，2021年第5期。

[⑤]　《信息安全技术——数据安全能力成熟度模型》，7.1.1 PA描述。

[⑥]　李树栋等：《从全生命周期管理角度看大数据安全技术研究》，载自《大数据》，2017年第5期。

网络通道加密[①]与信源加密[②]。根据数据加密技术原理进行分类，可以分为对称加密[③]和非对称加密[④]。需要说明的是，仅仅使用数据加密技术，往往不足以达到去标识化或匿名化的要求，因为去标识化和匿名化一般需要防止重识别的能力。而数据加密技术中的密钥和哈希函数中的映射表和彩虹表，使得加密后的标识符的复原成为可能。此外，即使采取了相应的措施（比如将密钥和映射表彻底删除等）使得该标识符无法被还原，攻击者仍可能将其他地方获取的数据与该数据其他字段结合起来，识别出特定的个人信息主体。

不过，随着大数据时代的到来，数据流通的价值效益在一定程度上受限于复杂的数据加密技术，这将不利于数据的聚集与流通。[⑤]此外，如何面对与适应大数据应用场景的数据规模和数据增长速度成为数据加密技术眼下的难题，如数据加密技术如何平衡好提供消息的保密性和访问控制之间的灵活

---

① 网络通道加密指依托安全套接层（SSL 协议）或互联网安全协议（IPsec 协议）的加密技术，实现对网络数据的机密性保护。参见工信部信息中心：《数据传输安全白皮书》，第 24 页。

② 信源加密是在数据传输前进行的加密，在接收端对该加密技术进行解密。参见工信部信息中心：《数据传输安全白皮书》，第 24 页。

③ 对称加密算法是应用较早的加密算法，其指在数据被发送之前，运用密钥和对称加密算法对数据进行加密，从而形成复杂的密文，然后再将密文数据发送出去。在接收到密文数据之后，人们必须使用相同密钥和算法进行解密，才能得到加密前的明文数据。由于对称加密和解密使用的都是同一个密钥，这就要求接收方需要事先持有发送方进行加密的密钥。参见工信部信息中心：《数据传输安全白皮书》，第 24 页。

④ 非对称加密算法需要两个密钥：公开密钥和私有密钥。公开密钥与私有密钥是一对，如果用公开密钥对数据进行加密，只有用对应的私有密钥才能解密；如果用私有密钥对数据进行加密，那么只有用对应的公开密钥才能解密。参见工信部信息中心：《数据传输安全白皮书》，第 24 页。

⑤ CHASE M. Multi-authority attribute based encryption；Theory of Cryptography. Heidelberg: Springer, 2007: 515-534.

性问题[①]、数据处理的效率性问题[②]、数据结构类型的扩展性问题[③]。工信部信息中心发布的《数据传输安全白皮书》提出应尽快建立完善的合规体系，保障数据传输安全，并在大数据时代平衡好数据流通与数据安全之间的关系。[④]事实上，这种平衡正好体现了对数据合规的基本要求。

（三）数据存储阶段的风险

数据存储是指数据资源在其生命周期中，需要被以某种格式并按照一定顺序，记录在计算机内部或者外部存储介质中。[⑤]因为过于强调数据存储不符合数据流动的基本要求，数据存储阶段的风险在大数据时代有被忽视的倾向。[⑥]然而，数据合规是在整个数据处理生命周期内的全方位风险治理，存储阶段同样存在重要的合规要点。

在数据存储阶段，最常见的数据风险是差异性数据存储策略风险，即未根据数据特征、类型、敏感程度等数据属性、法规要求及业务需求进行分类存储。这部分的风险治理实效性将在很大程度上依赖于数据采集阶段的数据分类分级工作。若前期的分类分级工作已经十分完善与到位，那么数据存储

---

① BLAZE M, BLEUMER G, STRAUSS M., Divertible protocols and atomic proxy cryptography, 1403 Lecture Notes in Computer Science127（1998）.

② KOGOS K G, FILIPPOVA K S, EPISHKINA A V. Fully homomorphic encryption schemes: the state of the art[C]// 2017 IEEE Conference of Russian Young Researchers in Electrical and Electronic Engineering（EIConRus）, February 1-3, 2017, St.Petersburg, Russia. New Jersey: IEEE Press, 2017: 463-466.

③ ROMPAY C V, MOLVA R, ÖNEN M. A leakageabuse attack against multi-user searchable encryption[J]. Proceedings on Privacy Enhancing Technologies, 2017（3）: 164-174.

④ 工信部信息中心：《数据传输安全白皮书》，第 85 页。

⑤ 郭海玲、刘仲山：《GDPR 对我国跨境数字贸易企业个人数据保护研究——基于数据生命周期理论》，载自《情报杂志》，2023 年第 9 期。

⑥ 罗文华：《基于生命周期的数据跨境流动程序性与实质性监管》，载自《中国政法大学学报》，2021 年第 5 期。

阶段针对这部分数据风险的治理将事半功倍。

此外，数据存储阶段的数据风险还包括数据存储周期方面的问题。在实践中，不同行业、不同领域的数据存储周期往往存在着很大的不同。例如，《信息安全技术个人信息安全规范》要求，"个人信息存储期限应为实现个人信息主体授权使用的目的所必需的最短时间"[①]；《互联网交互式服务安全管理要求第 1 部分：基本要求》要求"永久保留用户注册信息及历史变更记录"。

（四）数据处理阶段的风险

如前所述，此处的"数据处理"是狭义的，指的是运用技术手段对收集、存储的数据进行进一步处理。根据《信息安全技术 数据安全能力成熟度模型》，数据处理阶段要保证数据可用性与安全性的平衡。[②] 这种平衡同时反映了"数据的消极处理"与"数据的积极处理"的重要性。前者指通过技术手段对数据（主要是个人数据）施加保护措施，后者指通过技术手段对数据进行加工从而挖掘数据的价值。

1. 数据的消极处理

数据的消极处理关注的是数据的安全性问题，即通过技术手段对数据施加保护措施。一般而言，可以采用匿名化与去标识化的关键技术。

所谓"匿名化"，指个人信息经过处理无法识别特定自然人且不能复原的过程。[③] 匿名化是认识个人信息概念外延的关键，因为《个人信息保护法》

---

① 《信息安全技术 个人信息安全规范》，6.1。
② 《信息安全技术 数据安全能力成熟度模型》，9.1.1 PA 描述。
③ 《个人信息保护法》第 73 条第 4 项："匿名化，是指个人信息经过处理，无法识别特定自然人且不能复原的过程。"

中的"个人信息"并不包括匿名化处理后的信息。[①] 所谓"去标识化",指一种对标识符进行处理,使其处理后的信息无法识别到特定个人信息主体的数据处理方式。[②] 匿名化与去标识化的目的都是对个人信息进行处理,使处理后的信息即使结合其他额外信息,也无法识别到特定个人信息主体。但是相比去标识化,大多数法律还要求匿名化后信息的不可复原性。

企业在对数据进行消极处理时,需要对数据的可用性进行考虑,在安全性与可用性之间达到一个平衡。以匿名化为例,差分隐私和 K- 匿名模型的发展也为匿名化信息重识别风险评估提供了量化标准。事实上,并不存在完全无法复原的匿名化信息。因此,企业在进行匿名化时,除了匿名化技术手段的使用,还需要注重企业的内部管理,比如企业需要事先考虑匿名化后的数据使用场景和目的等,以此决定匿名化处理到什么程度可以满足可用性的要求,并考虑数据接收方可能具有的背景知识以及重识别技术能力等。在此基础上决定一个可接受的重识别风险阈值,进而制定一个可行的匿名化方案。

2. 数据的积极处理

数据的积极处理可以被概括为"数据加工"或"数据分析",关注的是数据的可用性问题,即通过技术手段对数据进行加工分析,挖掘数据的价值。这是大数据时代促进数字经济发展的重要途径。

对数据进行加工分析,即通过技术手段将收集到的零散混乱的数据进行有序整合,再根据需要使用算法对数据进行进一步的加工分析,从而得到

[①] 《个人信息保护法》第 4 条第 1 款:"个人信息是以电子或者其他方式记录的与已识别或者可识别的自然人有关的各种信息,不包括匿名化处理后的信息。"

[②] 《个人信息保护法》第 73 条第 3 项:"去标识化,是指个人信息经过处理,使其在不借助额外信息的情况下无法识别特定自然人的过程。"

适用于各个场景的决策数据。在 Web3.0 时代，大数据的价值不再单纯来自它的基本用途，而更多来自它的再利用，如用户画像、关联推送、精准投放等高强度数据使用行为成为企业发展数字经济主要依赖的赋能营销模式。然而，对数据的过度处理会带来很大的数据风险，主要体现为通过"埋点"过度搜集大量数据，并通过数据处理对用户年龄、职业、爱好、行为甚至个人隐私进行深度分析和充分挖掘，以达到精准营销的目的。

事实上，由于算法的强大能力，这一阶段的数据风险已经不再是隐私泄露，而是被预知的可能性。[1]人们日常生活中出现的"精准投放"和"掠夺式广告"便是算法预测（在某种程度上甚至是"算法霸权"）的典型例子。[2]

（五）数据交换阶段的风险

数据交换指通过合作的方式与合作伙伴交换数据，从而实现数据共享[3]，其目的在于推动数据（资产）在组织内外部的价值实现。就此而言，数据共享指的是两个数据终端设备之间建立数据通信互连通路的过程。

1. 数据的境内交换

在数据的境内交换部分，主要探讨数据共享问题。有关数据交易的问

---

[1] 算法能够通过数据预测人们可能生病、拖欠还款甚至犯罪，从而让有关人士无法购买保险、无法贷款，甚至在实施犯罪前就被逮捕。迈尔 - 舍恩伯格、库克耶.大数据时代：生活、工作与思维的大变革[M].盛杨燕，周涛，译.杭州：浙江人民出版社，2013.

[2] 掌握数据的企业基于公民的网上行为所透露的内在偏好和选择模式，把公民放在数百种模型中进行排名、分类以及评分，从而精确找出有迫切需求的群体，这种掠夺式的广告以寻求不平等并大肆利用这种不平等为己任，其结果是进一步巩固现有的社会分层。这种掠夺式广告其实就是一种"数学杀伤性武器"。参见奥尼尔.算法霸权——数学杀伤性武器的威胁[M].马青玲，译.北京：中信出版集团，2018.

[3] 数据共享是指打通组织各部门间的数据壁垒，建立统一的数据共享机制，加速数据资源在组织内部流动。参见中国信通院：《数据资产管理实践白皮书（5.0 版）》，第 19 页。

题，将在"数据的境外交换"部分予以阐述，数据开放问题更多涉及政府数据开放而非企业数据开放[①]，故此不展开论述。

数据共享的价值自不必多言，数据作为数字经济最重要的"燃料"，具有可重复利用的特点，且重复利用不但不会削减数据的价值，还可以实现数据价值最大化。[②]然而，数据共享同时也是数据风险的重灾区。个人与企业之间的数据共享涉及的往往是数据采集问题。企业与企业之间的数据共享风险关键在于数据权利的界限问题。基于《中华人民共和国民法典》（简称《民法典》）第127条[③]以及相关司法判例可知，企业享有数据财产性权益已经为立法与司法所认可，实践中的争议往往是企业所享有的数据财产性权益的范围问题[④]。

2. 数据的境外交换

数据交换问题的焦点已经逐渐向国际转移，即"数据跨境传输"。数据跨境传输涉及的并不仅仅是国内数据主体的各方风险与利益，还涉及国际格局中各国数据主权的冲突与协调。

在数据跨境传输的立法方面，GDPR确立了数据跨境传输的三种规范情形：数据跨境传输的一般原则（GDPR第44条）确立了出境数据的永久最

---

① 《数据安全法》第五章，"政务数据安全与开放"。
② 戴昕：《数据界权的关系进路》，载自《中外法学》，2021年第6期。
③ 《民法典》第127条："法律对数据、网络虚拟财产的保护有规定的，依照其规定。"
④ 梅傲、柯晨亮：《数据共享与数据财产化》，载自《四川师范大学学报（社会科学版）》，2021年第5期，第11~12页。

低保护标准；① "充分性决定"（GDPR 第 45 条）是针对特定国家"整体适用"欧盟数据保护标准的规定；② "标准性保护"（GDPR 第 46 条）是针对特定商

---

① GDPR 第 44 条："对于正在处理或计划进行处理的个人数据，将其转移到第三国或国际组织，包括将个人数据从第三国或国际组织转移到另一第三国或另一国际组织，控制者和处理者只有满足本条例的其他条款，以及满足本章规定的条件才能进行转移。为了保证本条例对于自然人的保护程度不会被削弱，本章的所有条款都应当被遵守。"

② GDPR 第 45 条："1. 当欧盟委员会作出认定，认为相关的第三国、第三国中的某区域或一个或多个特定部门或国际组织具有充足保护，可以将个人数据转移到第三国或国际组织。此类转移不需要特定的授权。2. 当评估保护程度的充足性时，欧盟委员会应当特别考虑如下因素：（a）法治、对人权与基本自由的尊重、包括关于公共安全、国防、国家安全、刑法和公共机构访问个人数据的一般性或部门性立法，以及此类立法的实施、数据保护规则、职业规则和安全措施，包括将个人数据转移到另一第三国或国际组织所必须遵循的第三国或国际组织的规则、判例法以及有效可执行的数据主体权利、对其个人数据正在转移的数据主体的司法救济；（b）在国际组织是主体的情形中，第三国内存在一个或多个有效运作的独立监管机构，保证数据保护规则的实施，包括具有充分的执行权利，在数据主体行使其权利时和与成员国的监管机构合作时提供帮助和建议；（c）第三国或国际组织已经许下的国际性承诺，或者承诺愿意承担有法律约束力的条约或法律文件所引起的其他责任，以及参加多边或地区性的体系，特别是和数据保护相关的体系所引起的其他责任。3. 在评估了保护程度的充足性之后，欧盟委员会可以通过制定实施性法案，确定本条第 2 段含义内的第三国、第三国内的领地或一个或多个特定部门或一个国际组织是否具有充足的保护。实施性法案应当提供一种周期性审查，至少每四年对第三国或国际组织的所有相关发展进行审查。实施性法案应当细化其领域性与部门性的实施，以及在适用的情况下确定本条第 2 段（b）点所规定的一个或多个监管机构。实施性法案的制定应当遵循第 93（2）条所规定的验证程序。4. 欧盟委员会应当持续性地监控第三国或国际组织的某些可能会影响根据本条第 3 款而作出的决定和建立在 95/46/EC 指令第 25（6）条基础之上的决定发挥作用的某些发展。5. 当已有信息显示，第三国或第三国内的一个或多个特殊部门或国际组织不再提供本条第 2 段所规定的充足的保护，欧盟委员会应当——尤其是在经过第 3 段所规定的核查后——通过制定不具有溯及力的实施性法案，在必要限度内废止、修正或中止本条第 3 段所规定的决定。此类实施性法案的制定应当遵循第 93（2）条所规定的验证程序。在具有高度正当性的紧急状态情形中，欧盟委员会应当立即根据第 93（3）条规定的程序而制定实施性法案。6. 为了补救导致第 5 条决定的情形，欧盟委员会应当与第三国或国际组织磋商。7. 符合本条第 5 段的决定不会影响到将个人数据转移到第三国、第三国内的领地或一个或多个部门或者第 46 条至 49 条所规定的相关国际组织。8. 欧盟委员会应当在欧盟的官方杂志及其网站上发表名单，列明其确定已经具备充足保护或不再具有充足保护的第三国、第三国内的特定部门和国际组织。9. 欧盟委员会在 95/46/EC 指令第 25（6）条基础上而作出的决定，在被欧盟委员会根据本条第 3 段或第 5 段而修改、替代或废止前应具有效力。"

事主体"个别适用"欧盟数据保护标准的规定。[①]可见，GDPR 的立法适用呈现很大程度的扩张趋势，并在事实上影响了日本、韩国等国家的数据保护立法改革。[②]

《数据安全法》第 11 条对数据跨境传输作了原则性规定后，[③]在《个人信息保护法》中开辟专章进行个人数据跨境传输的规则建构。[④]从《个人信息保护法》的规范设置上看，中国对待数据跨境传输持一种"数据本地化"的态度。[⑤]具体而言，《个人信息保护法》基于"领土延伸"原则，将落入领土延

---

①　GDPR 第 46 条："1. 如果没有根据第 45（3）条而作出的决定，控制者或处理者只有提供适当的保障措施，以及为数据主体提供可执行的权利与有效的法律救济措施，才能将个人数据转移到第三国或一个国际组织。2. 在不要求监管机构提供任何具体授权的情形下，第 1 段所规定的适当保障措施如下：（a）公共机构或实体之间签订的具有法律约束力和可执行性的文件；（b）符合第 47 条的有约束力的公司规则；（c）欧盟委员会根据第 93（2）条规定的核查程序而制定的数据保护标准条款；（d）监管机构根据第 93（2）条规定的核查程序制定并且为欧盟委员会批准的数据保护标准条款；（e）根据第 40 条制定的行为准则，以及第三国的控制者或处理者为了采取合适的安全保障而作出的具有约束力和执行力的承诺，包括数据主体的权利；或者（f）根据第 42 条而被批准的验证机制，以及第三国的控制者或处理者为了采取合适的安全保障而作出的具有约束力和执行力的承诺，包括数据主体的权利。3. 在需要有权监管机构授权的情形下，第 1 段所规定的合适安全措施尤其可以通过如下方式进行规定：（a）控制者或处理者与控制者、处理者或第三国或国际组织的个人数据接收者之间的合同条款；或者（b）公共机构或公共实体之间在行政性安排中所插入的条款，包括可执行的与有效的数据主体权利。4. 在本条第 3 段所规定的情形中，监管机构应当适用一致性机制。5. 成员国或监管机构根据 95/46/EC 指令的第 26（2）条而作出的授权，在被监管机构修改、替代或废止之前应当一直有效。欧盟委员会根据 95/46/EC 指令第 26（4）条而作出的决定，在欧盟委员会按照本条第 2 段作出必要性的修改、替换或废止决定前应当一直有效。"
②　金晶：《个人数据跨境传输的欧盟标准——规则建构、司法推动与范式扩张》，载自《欧洲研究》，2021 年第 4 期。
③　《数据安全法》第 11 条："国家积极开展数据安全治理、数据开发利用等领域的国际交流与合作，参与数据安全相关国际规则和标准的制定，促进数据跨境安全、自由流动。"
④　《个人信息保护法》第三章，"个人信息跨境提供的规则"。
⑤　"数据本地化"是在全球信息技术水平严重不平衡的背景下保护国家数据资源免遭海量流失的一种合理手段。刘金河、崔保国：《数据本地化和数据防御主义的合理性与趋势》，载自《国际展望》，2020 年第 6 期。

伸范围的境外信息处理者视为在境内管辖范围处理数据，[1]因此境外信息处理者需要严格遵守该法的合规要求并受到境内相关机构的监管与执法。然而，《个人信息保护法》第 38 条提供了三种较为灵活的境外等效路径：其一，网信办组织的安全评估；其二，专业机构的个人信息保护认证；其三，签订标准合同。[2]《个人信息保护法》并没有明确优先采用"领土延伸"原则还是"境外等效"模式，这在某种程度上可以理解为立法者尝试在国家数据安全与数据流通之间进行合理的平衡。

在《个人信息保护法》颁布的同年，《数据出境安全评估办法》也正式出台，其第 4 条规定了数据出境需要申报评估的四种情形，[3]确立了事前评估和持续监督相结合、风险自评估与安全评估相结合的安全评估基本格局，[4]由此逐渐建立起以数据风险治理为核心的数据跨境流动法律体系。可

---

[1] 《个人信息保护法》第 3 条："在中华人民共和国境内处理自然人个人信息的活动，适用本法。在中华人民共和国境外处理中华人民共和国境内自然人个人信息的活动，有下列情形之一的，也适用本法：（一）以向境内自然人提供产品或者服务为目的；（二）分析、评估境内自然人的行为；（三）法律、行政法规规定的其他情形。"

[2] 《个人信息保护法》第 38 条："个人信息处理者因业务等需要，确需向中华人民共和国境外提供个人信息的，应当具备下列条件之一：（一）依照本法第四十条的规定通过国家网信部门组织的安全评估；（二）按照国家网信部门的规定经专业机构进行个人信息保护认证；（三）按照国家网信部门制定的标准合同与境外接收方订立合同，约定双方的权利和义务；（四）法律、行政法规或者国家网信部门规定的其他条件。中华人民共和国缔结或者参加的国际条约、协定对向中华人民共和国境外提供个人信息的条件等有规定的，可以按照其规定执行。个人信息处理者应当采取必要措施，保障境外接收方处理个人信息的活动达到本法规定的个人信息保护标准。"

[3] 《数据出境安全评估办法》第 4 条："数据处理者向境外提供数据，有下列情形之一的，应当通过所在地省级网信部门向国家网信部门申报数据出境安全评估：（一）数据处理者向境外提供重要数据；（二）关键信息基础设施运营者和处理 100 万人以上个人信息的数据处理者向境外提供个人信息；（三）自上年 1 月 1 日起累计向境外提供 10 万人个人信息或者 1 万人敏感个人信息的数据处理者向境外提供个人信息；（四）国家网信部门规定的其他需要申报数据出境安全评估的情形。"

[4] 刘业：《论 GDPR 数据跨境传输二元保护模式的选择》，载自《国际经济法学刊》，2023 年第 3 期，第 27 页。

见，数据跨境传输的立法规制同样与数据合规的风险治理要点相符，其关键在于实现数据风险治理与数据流通效益之间的平衡。

（六）数据销毁阶段的风险

数据销毁是指通过一定技术手段，将指定数据进行不可逆地删除或将介质（设备）本身永久销毁，从而使数据不可恢复的过程。《网络安全法》[①]与《个人信息保护法》[②]对个人的数据删除权进行了规定，工业和信息化部于2021年发布的《工业和信息化领域数据安全管理办法（试行）》第20条正式明确了"数据销毁"的基本要求，即应明确销毁的对象、规则、流程和技术等要求，从而建立完善的数据销毁制度。[③]

然而，作为数据处理生命周期的最后一个环节，数据销毁存在的风险常常被忽视。[④]实践中的许多网络平台和App中仍然没有为用户删除数据提供

---

① 《网络安全法》第43条："个人发现网络运营者违反法律、行政法规的规定或者双方的约定收集、使用其个人信息的，有权要求网络运营者删除其个人信息；发现网络运营者收集、存储的其个人信息有错误的，有权要求网络运营者予以更正。网络运营者应当采取措施予以删除或者更正。"

② 《个人信息保护法》第47条："有下列情形之一的，个人信息处理者应当主动删除个人信息；个人信息处理者未删除的，个人有权请求删除：（一）处理目的已实现、无法实现或者为实现处理目的不再必要；（二）个人信息处理者停止提供产品或者服务，或者保存期限已届满；（三）个人撤回同意；（四）个人信息处理者违反法律、行政法规或者违反约定处理个人信息；（五）法律、行政法规规定的其他情形。法律、行政法规规定的保存期限未届满，或者删除个人信息从技术上难以实现的，个人信息处理者应当停止除存储和采取必要的安全保护措施之外的处理。"

③ 《工业和信息化领域数据安全管理办法（试行）》第20条："工业和信息化领域数据处理者应当建立数据销毁制度，明确销毁对象、规则、流程和技术等要求，对销毁活动进行记录和留存。个人、组织按照法律规定、合同约定等请求销毁的，工业和信息化领域数据处理者应当销毁相应数据。工业和信息化领域数据处理者销毁重要数据和核心数据后，不得以任何理由、任何方式对销毁数据进行恢复，引起备案内容发生变化的，应当履行备案变更手续。"

④ 赵精武：《从保密到安全：数据销毁义务的理论逻辑与制度建构》，载自《交大法学》，2022年第2期。

必要的技术途径，因此存在很大的合规风险。[①] 可见，从数据风险治理的角度构建相应的数据销毁合规制度，仍然有很长的一段路需要走。

三、数据风险的预防：风险预防原则

（一）风险预防原则的基本构造

在风险预防原则的发展过程中，逐渐产生了"强风险预防原则"[②] 与"弱风险预防原则"[③] 的分界，还有学者提出了更为复杂的划分版本。[④] 有学者在梳理纷繁复杂的学说后，总结了风险预防原则的四个要素：危害预期、不确定性、预防措施与证明机制。[⑤] 然而，这四个要素其实可以被归纳为两大核心要素："风险"与"预防"。"危害预期"关注的是风险的"有无"问题，即只有存在风险（无论是否可预见），才能适用风险预防原则；"不确定性"关注的是风险的"高低"问题，即在存在风险的前提下，应对风险进行评估

[①] 有学者在统计国内外 20 款 App 隐私政策时发现，国内外 App 运营者的隐私政策中，有关个人信息删除权部分的内容较为简单，未能向用户提供明确具体的操作指引，且常常被掺杂在冗长的文字表述中，用户难以轻易理解删除的方式和途径。徐磊：《个人信息删除权的实践样态与优化策略——以移动应用程序隐私政策文本为视角》，载自《情报理论与实践》，2021 年第 4 期。

[②] "强风险预防原则"指"除非能够确定一项行动没有任何危害，否则不能进行"。Noah M. Sachs，Rescuing the Strong Precautionary Principle from Its Critics，2011 U. Ill. L. Rev. 1285，1292（2011）.

[③] "弱风险预防原则"指"缺乏科学的确定性不能作为延迟采取风险预防措施的理由"。

[④] 例如，斯图尔特指出，存在四个版本的风险预防原则：非排除性预防原则、安全边界预防原则、最佳可用技术预防原则及禁止性预防原则。Richard B. Stewart，Environmental Regulatory Decision Making under Uncertainty，in T. Swanson（ed.），An Introduction to the Law and Economics of Environmental Policy: Issues in Institutional Design，Oxford: Emerald Group Publishing Limited，2002，p. 76.

[⑤] 苏宇：《风险预防原则的结构化阐释》，载自《法学研究》，2021 年第 1 期。

与分级，从而确定风险预防的程度；"预防措施"从积极维度看待风险预防措施，主张根据风险的级别采取相应的预防措施；"证明机制"从消极维度看待风险预防措施，主张在满足一定证明条件的情况下应减少相应的预防措施。因此，前两个要素可以被归入"风险"之中，后两个要素可以被归入"预防"之中。

概言之，风险预防原则可以分为两大核心要素："风险"与"预防"。"风险"包括"风险的有无问题"与"风险的高低问题"，前者涉及风险预防的前提，后者涉及风险预防的程度。"预防"包括"风险预防措施的积极维度"与"风险预防措施的消极维度"，前者要求根据风险采取相应的预防措施，后者要求在一定情况下对风险预防措施进行限制（见图 3-2）。

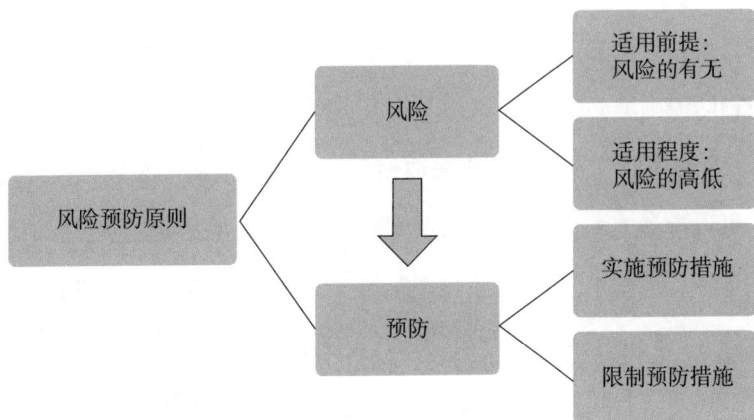

图 3-2　风险预防原则的核心要素

（二）风险预防原则之"风险"要素：数据风险的评估与分级

风险预防原则的第一个核心要素是"风险"，其中又分为两个维度："风险的有无"与"风险的高低"。

"风险的有无"涉及风险预防原则的适用前提问题。具体而言，只有在数据风险达到一定的阈值或临界值的情况下，才需要在法律层面运用风险预防原则。需要注意的是，在测量数据风险时应避免唯科学主义的倾向。由于大数据时代的数据风险往往因存在很大的不确定性而无法为科学技术所精准预测，风险预防原则可以提供一种主观视角弥补科学技术的僵化特征。以数据传输阶段的风险为例，虽然数据加密技术往往依托国家数字基础设施建设，保密性能够得到很大的保障，但数据加密技术一旦遭到破解，无论是在数据源还是数据传输过程中，该技术保护的都是海量数据的传输，而且在跨国数据传输的情形下，数据泄露所导致的后果甚至将侵犯国家的数据主权。因此，对于这种在技术专家看来发生概率非常低的数据风险，其在主观认知下仍然具有很大的预防必要性，即达到了一定的风险阈值或临界值，存在适用风险预防原则的必要。

"风险的高低"直接决定应采取何种风险预防措施。在数据风险的分级方面，可以参考上海市杨浦区人民检察院等发布的《企业数据合规指引》第23条的规定，[1] 采用"风险发生概率"与"风险发生后果"的二维指标，构建风险矩阵。国际标准化组织将风险矩阵定义为一种通过定义后果与可能性的范围，对风险进行展示与排序的工具。[2] 在风险矩阵中，数据处理生命周期中的全部数据风险都可以获得特定的坐标（见图 3-3）。

---

[1] 上海市杨浦区人民检察院等:《企业数据合规指引》第 23 条:"企业在识别数据风险内容的基础上，可根据自身经营规模、组织体系、业务内容以及市场环境，分析和评估数据风险的来源、发生的可能性、后果的严重性等，并对数据风险进行分级。"
[2] 毛通主编:《风险管理》，浙江大学出版社 2021 年版，第 73 页。

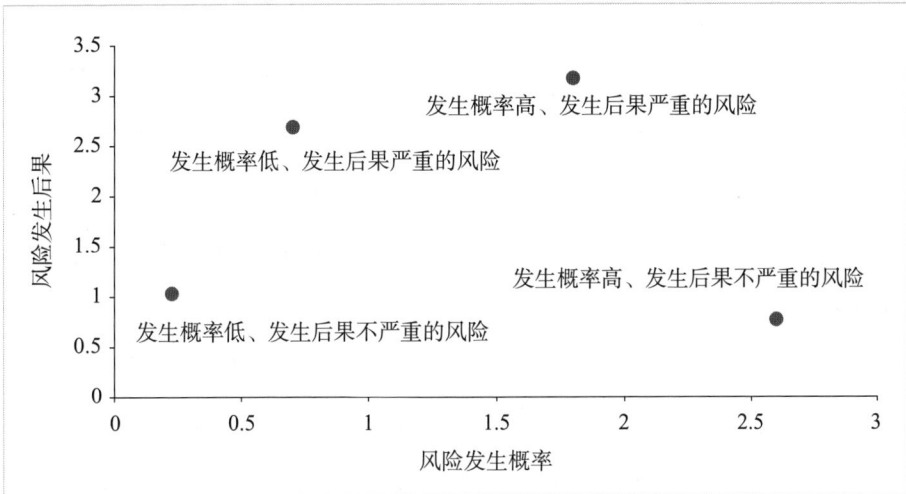

图 3-3　风险矩阵

　　需要注意的是，这四种类型的数据风险都只是马克斯·韦伯所称的"理想类型"，只起到便于分析的理论工具的作用，而实践中的数据风险往往介于这四种数据风险类型之间。对数据风险进行分级，将有利于企业对各类数据风险采取相应的预防措施。

（三）风险预防原则之"预防"要素：数据风险的预防与限制

　　风险预防原则的第二个核心要素是"预防"，其中又分为两个维度："预防措施的实施"与"预防措施的限制"。

　　就"预防措施的实施"而言，企业在对数据风险进行分级后，需要对各类数据风险采取相应的预防措施。风险预防原则并不是一套实操规则，而是提供一种风险管理的思路。在采取风险预防措施时，企业应进行"成本收益分析"。企业本身承担着推动经济发展的主要职能，因此更应该将成本收益分析贯穿于数据合规之中。虽然风险预防原则能够有效防范数据风险的发生，从而避免严重的后果，但由于大数据时代的数据风险因呈现极大的不确定性而难以被预测或度量，因此当数据风险没有发生而企业花费大量人力、物力、财力实施风险预防措施时，其结果可能是得不偿失的。因此，成本效益分析构成了企业数据合规的基本原则。受这一原则的影响企业数据合规并无统一标准，而应是自适应的。

就"预防措施的限制"而言，企业应基于动态视角对数据风险采取预防措施。换言之，风险是会发生变化的：当风险升高时，预防措施的力度应相应加大；当风险降低时，预防措施的力度应相应减弱。为了实现风险预防措施的动态调整从而避免采取预防措施的成本过高，企业应设立相应的证明机制，即当满足一定证明标准时，应认定数据风险已明显降低，因此相应的预防措施力度也应相应减弱。例如，如果某项算法产品在经过技术修正后，其安全属性达到了更高的标准，则可以相应减弱算法产品使用阶段的风险预防措施。在证明标准方面，可以根据风险的级别适当地灵活变化。对于发生概率大、后果严重的数据风险，应采用较为严格的证明标准；对于发生概率小、后果严重的数据风险，应采用较为宽松的证明标准。例如，如果某项信息产品存在明显的算法操控用户的嫌疑，则应采用相对严格的证明标准，以区别于一般的、达到安全标准的信息产品。

第四章

个人信息保护合规

　　个人信息首先是一个社会事实，它基于人类社会的存在而产生。这项社会事实对个人生活、工作等各个方面产生了重要的影响，因此，人们认为有必要通过国家各层级立法、企业或组织各种"软法"的形式，赋予个人享有基于其个人信息的权益，施加其他组织或个人保护个人信息的义务，以保护个人信息。在这些规范中，最重要的当属体系化的《个人信息保护法》和《民法典》人格权编中的相关规定。其他的个人信息保护规范，只有在与前述规范不矛盾的情况下，才能得以适用。

　　个人信息保护合规就是相关主体的个人信息处理活动符合上述规范，其大致可分为个人信息处理活动本身的合规、相关的流程和组织合规。流程和组织合规着重体现了数据生命周期的治理，通过数据治理措施识别、预防和排除数据风险[①]。当然，仅靠企业内部的数据治理措施，并不能保证企业做到个人信息保护合规；如果企业采集、使用个人信息的行动本身就是违法的，无论其之后采取多么充足的数据治理措施，依然无法实现个人信息保护合

[①]　关于数据生命周期的风险识别、预防，参见本书第三章"数据合规的实践路径"。

规。[①] 因此，本章讨论的是个人信息处理活动本身的合规要求，在数据生命周期的合规理念中，其侧重的是数据采集、数据交换两阶段的数据合规。

一、导入案例与问题

甲在餐厅 A 就餐时，该餐厅服务人员告知，点单须扫餐桌上的二维码。甲扫码后进入该餐厅小程序界面，并自动跳出弹窗"会员注册"界面，不注册会员无法进入点单界面。"会员注册"界面显示，"您应阅读并同意《餐厅 A 小程序隐私政策》和《餐厅 A 会员政策》"，须点击同意。甲点开《餐厅 A 小程序隐私政策》，里面有内容如下："您同意本隐私政策表示您同意按该隐私政策的规定收集您的个人信息。""您在注册本餐厅会员时，需要提供手机号码完成会员注册。"

甲注册会员、完成点单后，点击支付，小程序自动跳出弹窗，出现两个选项"优惠活动通知""新品推荐"，不勾选至少一项无法进入结算页面。甲随意勾选一项后进入结算页面，选择网络支付平台 B 支付，然后进入该支付平台支付界面。该界面有两个选项"领红包支付""直接支付"。甲选择"领红包支付"，自动跳转至该支付平台小额贷界面，该界面显示"新人专享福利——借 1 元立享 10 元红包"，并有"领红包"按钮。甲点击"领红包"按钮后，出来一个新界面，有查看"详情及协议"选项，点开此选项，显示借

---

① 从欧盟对美国大型互联网企业的数据违法处罚案例可知，这些美国大型互联网企业的数据处理措施不可谓不完善，但这些措施的具体规定并没有遵守欧盟数据法律法规的要求。近期引人注目的是爱尔兰数据保护委员会对 Meta 处罚了 12 亿欧元，处罚依据在于 Meta IRL 在将欧盟用户的数据转移至美国时，未提供适当的数据保障措施，违反了 GDPR 第 46 条第 1 款的规定。

款金额、还款日期等信息，并有"个人征集查询报送授权书（××银行）"，该授权书写有"本人同意授权××银行查询、使用本人的信用信息和信用报告"。甲连续点击同意后，获得10元红包，完成支付操作。

某工作日，甲在办公室使用餐厅A小程序体验了外卖送单服务，并输入了工作所在楼宇楼层的办公地址信息、工号和手机号，在点击支付时，该小程序弹出"抽奖赢红包"弹窗。弹窗内的活动详情有以下内容："您点击同意参加抽奖活动，代表您同意公司C向您注册的手机号发推送通知。"甲点击"参加"按钮后，未获奖。之后，甲经常收到公司C发过来的推送信息。

上述案例主要反映了甲被餐厅A、网络支付平台B直接收集个人信息的活动，以及公司C通过餐厅A间接收集甲的个人信息的活动。个人信息保护本身的合规侧重于个人信息收集的合规及对外流转，基本很少涉及个人信息在特定企业的内部流动。企业在决定收集个人信息前，就应当根据其预期的个人信息处理目的，合规地收集个人信息；一旦企业对该个人信息的处理目的完成或发生变更，亦应当采取合规的方式处理个人信息。这都属于个人信息保护本身的合规。

在上述案例中，涉及个人信息保护本身合规的有以下几个问题。

1. 餐厅A小程序要求注册会员完成点单的设置是否合规？

2. 在餐厅A小程序中，用户在点单完成后不选择"优惠活动通知"或"新品推荐"之任意一项就无法付款是否合规？

3. 网络支付平台B调取甲的个人征信信息的方式是否合规？

4. 餐厅A向公司C传输个人信息是否合规？公司C向用户发推送通知是否合规？

这些问题将在本章内容的阐述过程中分别予以回答。

二、原理阐释

判断企业在收集、使用个人信息时，是否做到了个人信息保护本身的合规，首先要明确企业是否收集、使用了个人信息，然后明确企业在个人信息收集、使用中扮演的角色。根据该企业扮演的角色，法律法规施加了相应的合规义务。如果企业在收集、使用这些个人信息时遵守了这些合规义务，那么企业就做到了个人信息保护本身的合规。同时，这些合规义务也是法律所规定的个人信息处理的基本原则的具体体现。如果企业的具体行为没有明确的法规规定进行规制，并不意味着企业可任意决定。如本书第二章所阐述的，企业的数据合规义务树立的是一种自我约束、自我规制的义务。在没有具体规则的情况下，企业需要遵循自我规制的合规理念，运用基本原则来判断企业行为的合规性。因此，要判断企业是否做到个人信息本身的合规，需要对个人信息处理活动的基本概念和基本原则进行阐释。

（一）个人信息处理的基本概念

在我国《个人信息保护法》的体系下，与个人信息保护合规相关的基本概念有三个，分别是个人信息、个人信息处理活动和个人信息处理者。在前述引导案例中，进入餐厅 A 就餐的甲就是个人信息主体，甲的姓名、手机号等信息就是个人信息，餐厅 A 收集甲的姓名、手机号就是个人信息处理活动，此时，餐厅 A 的身份就是个人信息处理者。个人信息处理活动本身的合规就是要回答，餐厅 A 如何合法地收集、使用甲的姓名、手机号等个人信息。

《个人信息保护法》第 4 条第 1 款规定，个人信息是指与已识别或者可识别的自然人有关的各种信息；该等信息需以电子或其他方式记录。依该规定的个人信息概念采用关联标准，依此标准，即使某类信息单独无法识别到具体自然人，但在具体场景中与自然人关联在一起观察时，仍可构成个人信息。因此，个人信息的判定应依其所依附的场景具体进行。[①] 例如，在引导案例中，甲在餐厅 A 小程序所提供的办公地址本身仅包含某幢楼宇某层的信息；仅就该信息本身无法识别到具体自然人，但在外卖点单场景中，通过与甲的姓名相关联观察，此办公地址构成了甲的个人信息。在现在的个人信息使用场景中，几乎不存在仅收集自然人单个类别的信息，因此，企业在对某类信息是否属于个人信息进行判断时，不能仅单个类别、独立地判断，而应当将其与其他类信息放在一起，进行总体判断。

个人信息经匿名化处理后，就不构成个人信息。依《个人信息保护法》第 73 条第 4 项的规定，匿名化是指个人信息经过处理，无法识别特定自然人且不能复原的过程。匿名化的"不能"复原标准，可借鉴民法上"法律不能"的概念，分为"客观"（对任何人）不能、"主观"（对相关处理场景下的主体）不能、"成本过高"不能复原。在引导案例中，甲使用餐厅 A 小程序的外卖点单功能，所提供的工号信息在该场景中并不属于匿名化的信息，因为餐厅 A、外卖送单机构均清楚，通过甲提供的工号、办公地址，能识别到某具体自然人；对餐厅 A、外卖送单机构而言，甲的工号是去标识化的个

---

① 丁晓东：《论个人信息概念的不确定性及其法律应对》，载自《比较法研究》，2022 年第 5 期。

人信息。如果甲有一张工号牌，上面仅写有甲的工号，如果甲在另一座城市出差中遗失此工号牌，对捡到此工号牌的人来讲，工号信息就是匿名化的信息，不构成个人信息。

个人信息的概念不应与个人隐私、姓名（权）、声音、肖像等概念相排斥，比如一段带声音的录像，既可构成个人信息，也可构成个人隐私、声音和肖像。

《个人信息保护法》第 4 条第 2 款规定，个人信息的处理包括个人信息的收集、存储、使用、加工、传输、提供、公开、删除等。其中，个人信息的加工包括对个人信息进行筛选、分类、排序、加密、标注、去标识化等处理活动。另外，需注意的是，个人信息的提供、公开并不包括个人信息主体对自己个人信息的提供、公开。

《个人信息保护法》第 73 条第 1 项规定，个人信息处理者是指在个人信息处理活动中自主决定处理目的、处理方式的组织、个人。在前面的引导案例中，餐厅 A 是独立决定要求进入餐厅消费的顾客注册会员完成点单的，其中涉及对顾客个人信息的收集、使用行为，因此，餐厅 A 是顾客个人信息的处理者。至于顾客在完成支付操作时与平台 B 的互动、点外卖时与公司 C 的互动，都涉及顾客的个人信息向平台 B、公司 C 流动。在此，将产生餐厅 A、平台 B、公司 C 多方企业收集、使用顾客个人信息的行为，各方的法律关系如何，将在下文论述。

（二）个人信息处理的基本原则

个人信息处理者的合规措施必须符合个人信息处理的基本原则。一旦个人信息处理活动违反该等原则，必然会降低个人信息处理者与信息主体间的信任，从长期来看，会显著增加其合规成本。《个人信息保护法》第 5 ~ 8 条具体规定了个人信息处理的基本原则。对个人信息处理者来讲，在缺乏具体合规规范的情况下，或者在各合规规范之间存在冲突的情况下，其应当运用基本原则来进行决策。

个人信息处理的基本原则包括合法、正当、诚信、必要、目的限制、公开透明、质量、责任与安全保障原则。质量、责任与安全保障原则依赖于个人信息处理者的数据处理合规实现，本章讨论与个人信息处理活动本身合规相关的合法、正当、诚信、必要、目的限制、公开透明原则。

合法原则主要指个人信息的处理应当具有合法性基础；缺乏合法性基础，个人信息的处理活动是不被允许的。该等合法性基础将在后文具体阐释。

正当原则指个人信息的处理目的和方式应当是正当的，不能违反公序良俗，个人信息处理者不得通过误导、欺诈、胁迫等方式处理个人信息。

诚信原则较为抽象，较难有具体的定义。在个人信息处理活动中，诚信原则要求信息主体的利益不能处于过分不利的状态。因此，个人信息处理者不应滥用自己的处理权限，应该合理考虑信息主体的利益。[①]

必要原则又称数据最小原则，指个人信息的处理与特定的处理目的是显著相关的、限于必要的范围且适当的。"显著相关的"是指个人信息的处理能够实现特定的处理目的；"限于必要的范围"是指个人信息的处理应限于实现确定目的之必要范围内，不能超过所确定的目的；"适当的"是指个人

① 许可：《诚信原则：个人信息保护与利用平衡的信任路径》，载自《中外法学》，2022 年第 5 期。

信息的处理与目的之间是符合比例的，不能基于虚构的、没有现实必要性的目的处理个人信息，也不能在确定目的之外过度处理个人信息。[①]

目的限制原则是指个人信息应限于其收集时所特定的、明确的和合法的目的处理。"特定的"要求个人信息处理的目的在处理前应当（至少主观地）特定化，不特定的或不被允许的处理目的违反此要求；"明确的"要求特定的个人信息处理目的应当以明确的方式显示出来，且能被客观地特定化；"合法的"是指个人信息处理的目的应当是合法的。[②]

公开透明原则要求个人信息应当以信息主体可理解的方式被处理，包括明示处理的目的、方式和范围，且该等信息应被以可理解的方式、便利的渠道、清晰简单的语言展示出来。

在个人信息处理是否合规的判断上，基本原则有重要应用：对于个人信息处理者的个人信息处理活动，如果从基本原则着手已经能明确是否合规，后面借助具体规则的判断将起到具体化的作用；如果从基本原则无法判断，才需要借助具体规则来判断，如果此时具体规则仍无从判定，则仍需要返回到基本原则上，通过基本原则的反复权衡得出妥当的结论。

就引导案例而言，餐厅 A 小程序中的"不注册会员就无法点单"构成强制授权，顾客在点单完成后，若不选择"优惠活动通知"或"新品推荐"之任意一项，就无法付款，这已经违反了个人信息处理的正当原则。网络支付平台 B 的"领红包支付"程序违反了个人信息处理的正当、必要、公开透明原则。因为网络支付平台 B 显然是以诱导方式调取甲的个人征信信息，其收

---

① BeckOK DatenschutzR/Schantz DS-GVO Art. 5 Rn. 24-26.
② 程啸：《我国个人信息保护法中的目的限制原则》，载自《人民法院报》，2021年9月2日，第5版。

集此类个人信息与甲的付款行为没有必要性，且甲只有点击"详情及协议"选项，才有可能了解其已同意个人征信信息被处理。

三、合规要点指引

如前所述，本章论述的重点是个人信息保护本身的合规，即侧重于个人信息处理活动在收集、对外流转方面的合规。对个人信息处理者而言，这就要求其在收集个人信息前履行告知义务，其收集、利用个人信息的行为本身有合法性基础；如果被处理的个人信息从一方流向另一方，要做到多方处理（涉及对外流转）的合规；此外，如果被收集、利用的个人信息有敏感个人信息，会涉及不同的合规要点。

（一）处理的告知

个人信息的处理均需要合法性基础；无合法性基础，个人信息的处理活动是违法的。违法的个人信息处理活动，仅可依据《民法典》第998条的利益衡量规则免除或减损民事侵权责任。[1]

个人信息处理者在处理个人信息之前，依《个人信息保护法》第17条第1款的规定，应向个人告知与该等处理活动周期相关的全部事项；告知的形式要显著，语言应清晰易懂，内容应真实、准确、完整。形式、语言、内

---

[1]　王利明：《民法典人格权编中动态系统论的采纳与运用》，载自《法学家》，2020年第4期。有学者尝试通过《民法典》第998条构建中国法上的正当利益条款，参见杨旭：《正当利益条款的中国法构造——基于〈民法典〉第998条》，载自《法治与社会发展》，2022年第1期。

容是否合规应从处理者意图告知对象群体的平均水平来判断。同时，依《个人信息保护法》第 17 条第 3 款的规定，前述的个人信息处理规则应当采取公开方式，便于查阅，即前述告知的内容不应仅在个人信息被处理时被告知，还应当采取公开的、便于查阅的方式，使个人在其个人信息被处理之后依然能被查询。

个人信息处理的告知义务通常采用隐私政策的方式履行。但由于一些网络公司处理个人信息的场景十分丰富，造成隐私政策的内容过于繁复，有违显著、清晰易懂的要求，因此，这些网络公司除公布隐私政策之外，还需要采取摘要的方式让网络用户先对个人信息被处理的情况有个概括的了解，[①]以履行告知义务。在个人信息告知事项上，《信息安全技术 个人信息处理中告知和同意的实施指南》（GB/T 42574—2023）第 8 条，依收集、公开、提供等各类情形提供了详细的阐释。须注意的是，该标准提供了典型场景下的最佳实践，但企业在判断个人信息处理者的告知义务履行是否合规时，不能以机械地符合此标准的方式规避法律、行政法规的规定。[②]

在引导案例中，网络支付平台 B 在收集个人信息时，需要消费者自行点击、查看"详情及协议"选项，告知形式违反显著要求；内容中所称"本人同意授权 ×× 银行查询、使用本人的信用信息和信用报告"，但普通消费者

---

① 《工业和信息化部关于开展信息通信服务感知提升行动的通知》（工信部信管函〔2021〕292 号），"互联网企业（首批实施的企业名单见附件）应以简洁、清晰、易懂的方式，向用户提供 App 产品隐私政策摘要"。

② 《信息安全技术 个人信息处理中告知和同意的实施指南》（GB/T 42574—2023）第 8 条中规定，无法实现交互式界面展示个人信息保护政策的，需考虑以其他方式且在收集个人信息前的必要环节，以发送通知、邮件（或信件）、提供文档（包括电子版或纸质版）、张贴告示、播放音视频等方式向个人主动提供或展示。在实践中，个人信息处理者可能认为，在"无法实现交互式界面展示个人信息保护政策"时，即使发送通知的方式是可行的，也可采取张贴告示、播放音视频等方式履行告知义务。

根本没有哪类信息构成信用信息的知识，网络支付平台 B 也未告知具体收集消费者的哪些信用信息，违反了语言的清晰易懂、内容准确、完整要求。

在实践中，如果个人信息处理者在处理个人信息之前未履行告知义务，将会受到监管部门的行政处罚。由于相关违法行为的情节较轻微，笔者观察到，监管部门的处罚措施多为限期整改、警告类处罚。在管理 App 收集个人信息合规事项上，国家通信管理局已展开多轮专项整治活动，在上海市通信管理局发布的 2023 年第三批关于侵害用户权益行为 App 的通报中，仍有 11 家企业的 App "未明示个人信息处理规则"[①]，即未履行《个人信息保护法》第 18 条的告知义务，这表明实践中，仍有较多企业未较好地履行告知义务。

依《个人信息保护法》第 18 条的规定，个人信息处理者的告知义务仅在两种情况下被免除：一是依法律、行政法规或与其同等法律效力的规范，应当保密或不需要告知；二是紧急情况下为保护自然人的生命健康和财产安全之必要，且无法及时向个人告知，但应当在紧急情况消除后及时告知。须注意的是，告知义务的免除并不意味着个人信息处理的基本原则、合法性基础要求能得以豁免。笔者认为，个人信息处理者在特定情形下被免除告知义务，使信息主体或第三方判断个人信息处理者的处理活动是否合规更困难，因此，其处理活动应采取更审慎的态度。

（二）基于同意的个人信息处理

同意是指（有同意能力的）自然人在充分知情的前提下自愿、明确作出

---

① 《上海市通信管理局关于侵害用户权益行为 App 的通报（2023 年第三批）》，载自微信公众号"上海通信圈"，2023 年 9 月 26 日。

的允许其个人信息被处理的表示，又称为知情同意。

依《个人信息保护法》第 31 条第 1 款的规定，不满十四周岁的未成年人不具有个人信息处理上的同意能力，由其父母或其他监护人代为同意。"自愿"的同意要求信息主体是在没有欺诈、压迫等外部压力的情况下表达的同意；"明确"的同意要求信息主体应以清晰、明白而非含糊、模棱两可的方式表达同意。笔者认为，此等"自愿""明确"的判断应采用客观第三方的认识标准，遇有疑义时，从增进信任的角度考虑，应采取不利于个人信息处理者解释的立场。

在实践中，个人信息被处理的个人同意经常与"个人授权"或"个人授权同意"等价使用。这是不严谨的，因为个人同意与个人授权在法律意义上有显著不同。虽然关于个人同意的法律意义仍有争议，但大家较一致的观点是，个人同意不是个人的（委托）授权，后者指被授权人获得代理人资格，以该个人的名义行使权利，行为所产生的法律效果则归属于该个人。另外，个人同意也不构成个人的（许可）授权，后者是指权利人将属于自己的权能授予给被授权人，被授权人获得此项权能及行使该权能的收益。在引导案例中，网络支付平台 B 向顾客提供了待确认的"个人征集查询报送授权书（×× 银行）"，该授权书写有"本人同意授权 ×× 银行查询、使用本人的信用信息和信用报告"。此处，所谓"本人同意授权 ×× 银行查询""本人的信用信息"并不构成个人信息被处理的同意，而是本人委托授权 ×× 银行以本人名义查询本人的信用信息；所谓"本人同意授权 ×× 银行""使用"本人的信息和信用报告，也不构成个人信息权益的（许可）授权，不涉及个人在其个人信息的财产权益上的授权，至多只表明本人同意此银行处理其信用信息和信用报告。

同意仅作为个人信息处理的合法性基础，并不保证个人信息处理的合法合规。如果个人信息的处理虽获同意，但违反了必要、目的限制等原则，该等处理活动仍是不法的。从这个意义上讲，同意并不能作为违法阻却事由。[①]例如，一家公司获得员工同意，可获取员工的行为轨迹信息，但公司获取此信息显然违反员工工作语境的必要原则，因此，即使员工表达此类同意是完全自愿的，公司获取员工的行为轨迹信息仍是不合法的。一项未经同意的个人信息处理活动，很可能也违反了必要、目的限制原则，即使其后付出代价、获得同意，仍不能改变该等处理活动的违法性，但可作为减轻侵权责任赔偿的考虑因素。

基于同意的个人信息处理，依《个人信息保护法》第15条第1款的规定，个人有撤回权，个人信息处理者应采取便捷措施保障此撤回权的行使。有疑问的是，个人信息处理者是否应当采取措施保障个人行使撤回权的"自愿性"，是否不能给个人行使撤回权施加外部压力？此问题具有一定复杂性，[②]与实践密切相关的一点是，如果某个人信息处理者声称"个人撤回同意将影响部分功能的实现"，但如果这部分功能可采用不处理个人信息的方式实现，此等对个人撤回权的限制就是不合法的。依《个人信息保护法》第15条第2款的规定，个人撤回同意，撤回前的个人信息处理活动效力不受影响。这并不意味着个人信息处理者能保留撤回前的全部个人信息处理记录，因为在个人撤回同意后，个人信息处理的合法性基础已失，须采取删除措施。

在引导案例中，餐厅A通过小程序收集甲的个人信息，并未设置可区分

[①]　相反观点参见程啸：《论个人信息处理中的个人同意》，载自《环球法律评论》，2021年第6期。

[②]　一个相当有益的讨论参见林洹民：《论个人信息主体同意的私法性质与规范适用——兼论〈民法典〉上同意的非统一性》，载自《比较法研究》，2023年第3期。

的同意按钮，而仅显示同意隐私政策的选项，只在隐私政策里有内容"您同意本隐私政策表示您同意按该隐私政策的规定收集您的个人信息"。因为隐私政策是告知的方式之一，在个人信息处理者的告知内容中，不应当包含信息主体同意的内容；否则，就造成了解释上的模糊性——信息主体到底是同意隐私政策的告知内容，还是同意其个人信息被收集？基于此种方式获得的"同意"，并不是信息主体的同意。可惜的是，某司法案例认可了该行为，若用户同意了隐私政策，网络平台也设置了用户拒绝权（撤回权），这两种方式于法均属于保障了用户的知情同意权。[①]

（三）基于合同目的所必需的个人信息处理

除个人同意之外，合同目的所必需是个人信息处理最重要的合法性基础。《个人信息保护法》第 13 条第 1 款第 2 项规定，合同目的所必需包括为订立、履行个人作为一方当事人的合同所必需，或按照依法制定的劳动规章制度和依法签订的集体合同实施人力资源管理所必需。

1. 为订立个人作为一方当事人合同之目的

对于"为订立个人作为一方当事人合同之目的"，应采取主客观要件相结合的标准。首先，依客观要件，个人与个人信息处理者处在缔约协商的过程中。合同法对合同订立之前各方利益保护的扩张而发展出缔约过失责任，这也为个人信息处理者滥用个人信息提供了机会：个人信息处理者主动引起协商，并以为履行或避免自身承担缔约过失责任为由，不顾信息主体的个人

---

① 杭州互联网法院所发布的个人信息保护十大典型案例之案例八：《购物类 App 自动化推荐应用的合法性基础判定——郭某某诉某网络有限公司个人信息保护纠纷案》（杭州互联网法院（2021）浙 0192 民初 5626 号）。

意愿，收集、处理信息主体的个人信息。例如，当消费者走进各家门店，门店便通过智慧门店的各类设施收集消费者的个人信息。因此，在客观要件之外，应当引入主观要件，即信息主体主动要求采取措施，仅在合同协商缔约过程由信息主体主动发起的情况下[①]，个人信息处理者才可依订立合同之目的，处理信息主体的个人信息。

以引导案例为例，甲在网络支付平台 B 支付时点击"领红包"按钮，弹出的新界面"详情及协议"包含了甲与平台 B 的合作银行订立借贷合同的目的，以及为完成此借贷合同之订立而收集甲的个人征信信息。由于甲并没有与银行订立借贷合同的意图，此等订立借贷合同的协商由平台 B 挑起，缺乏为订立个人作为一方当事人合同的主观要件，平台 B 不能依此收集、使用甲的个人征信信息。

2. 为履行个人作为一方当事人的合同之目的

对于"为履行个人作为一方当事人的合同之目的"应采取广义理解的方式，不仅包括合同签订之后的履行等行为，也包括合同的签订本身。[②] 合同签订之后的合同履行目的不仅包括完成合同给付义务、实现合同目的的履行行为，也包括合同的变更、发展、撤销、解除和终止，还应包括合同中的约定形成权的行使、从义务和附随义务的履行。如果合同第一次给付义务有瑕疵而触发第二位阶的义务，此处的为履行合同目的应包括违约责任请求。[③] 由于我国《民法典》采取了负担行为与处分行为相区分的立法例，在采取广

---

① 申卫星、杨旭：《论订立合同作为个人信息处理合法性基础的限缩适用》，载自《南京社会科学》，2022 年第 4 期。

② Marian Alexander Arning, Zulässigkeit der Verarbeitung personenbezogener daten, , in Moos/Schefzig/Arning（Hrsg.）, Praxishandbuch DSGVO, S. 78.

③ 同上，p78–84。

义解释"为履行合同目的"的方式时，应当将与合同相关的处分行为的履行也包括在"为履行合同目的"之中。

前述关于"为履行合同目的"的阐述并非仅是理论性的探讨，还有着重要的实践意义。它关涉着个人信息处理者保存其所处理个人信息的期限。依《个人信息保护法》第 47 条第 1 款第 1 项的规定，当合同履行之目的已实现后，个人信息处理者应主动删除个人信息。以引导案例为例，当甲通过小程序的外卖接单服务订餐后，双方订餐的目的已完成，依《中华人民共和国电子商务法》第 31 条的规定，如果甲删除了其地址信息，餐厅 A 或相关网络平台经营者仍可保留甲的地址信息 3 年。但如果甲在完成此次订餐之后的 2 年中向餐厅 A 宣称，2 年前的订餐导致其身体损害，并主张违约责任，那么餐厅 A 可至少再保存甲的地址信息 3 年。

"为履行合同目的"是否可延伸至准合同（不当得利和无因管理），目前仍没有较清楚的观点。从必要性来看，由于我国《个人信息保护法》没有像 GDPR 一样将合理利益作为个人信息处理的合法性基础，前述延伸进而有现实的必要性：在准合同情形下，如果一方向被管理人、得利人主张权利，很可能产生处理个人信息的必要，因为被管理人、得利人基本不会作出同意表示，而履行合同目的将成为该方唯一合理可用的个人信息处理的合法性基础。

3. 人力资源管理目的

个人信息处理者（通常为用人单位）可不经劳动者同意处理其个人信息，前提是参照依法制定的劳动规章制度和依法签订的集体合同。此等前提强调了劳动者的参与。依《中华人民共和国劳动法》（简称《劳动法》）第 4 条、《中华人民共和国劳动合同法》第 4 条的规定，对直接涉及劳动者切身利益的规章制度或重大事项，应当采取职工民主表决程序，提出方案和意见，与工会或者职工代表平等协商确定。员工个人信息的处理属于涉及劳动者切身利益的事项，应当采取前述法定程序制定规章制度、订立集体合同。

但是，正如学者所指出的，"实践中，我国集体合同多为基层工会与用人单位签订，在劳动者方和工会实力不强的企业，基层集体合同仍不足以使劳动者摆脱不利地位，即使以依法签订的集体合同达成形式上的合意，不代表充分实现了劳动者同意的自治性"[①]。在规章制度决策机制为单决制的前提下，规章制度的民主程序仅具有程序上意义，且司法实践中对其审查仍趋于宽松，"大量的裁判表明民主程序并非用人单位规章制度生效的必备要件，用人单位规章制度的制定、修改没有经过民主程序，仅属于程序瑕疵，并不影响其效力"。这造成了"对集体合意如此扩张性的规定，显然在劳动者个人信息保护与雇主管理权的天平上向后者过分倾斜，如不加限制，不排除未来雇主对劳动者个人信息滥用的危险"[②]。学者的论述与客观状况是相符的，尤其在数字化工具和技术得以广泛运用的当下，用人单位通过形式上的民主程序，对劳动者的办公、私人通信工具进行了广泛的监控，在工作环境中处理员工大量的敏感个人信息。基于这些客观状况，有学者建议，不仅应通过私法手段，还需要配备公权力保障，以《劳动法》对劳动环境中的典型场景进行规定，保障劳动者的个人信息权益。[③]

4. 特定目的之必需性

特定目的之必需性是必要、目的限制原则在此合法性基础的体现。此等

---

① 吴文芳：《劳动者个人信息处理中同意的适用与限制》，载自《中国法学》，2022年第1期。
② 同上。
③ 王倩：《作为劳动基准的个人信息保护》，载自《中外法学》，2022年第1期。

必需性包含两层考察：一是个人信息处理者所提供服务类型的层面，这是客观层面的必需性考察。例如，《常见类型移动互联网应用程序必要个人信息范围规定》第 5 条所规定的常见类型 App 的必要个人信息范围，就属于这个层面的必需性考察。二是基于具体合同的实际情况来确定为实现目的所必需的"可预期"的个人信息处理范围，这是主观层面的必需性考察。依此主观层面的考察，应以双方当事人在合同中所作具体且有效的约定，即以个案中的合同条款以及由此产生的权利义务为标准，判断是否属于履行合同所必需的个人信息处理。

特定目的之必需性所依赖的是个人信息处理者与信息主体的合同内容，前提是该合同内容是有效的。实践中，个人信息处理者借助其强势地位，设置减损信息主体权利的条款，并由此来扩展所谓必需的个人信息处理范围。[①]这种做法并不合规。通过《民法典》中关于合同有效的判定机制，减损信息主体权利的条款不构成合同内容，因而，必须以剩余有效条款所确定的双方权利义务内容，来确定特定目的之必需的个人信息处理范围。

（四）基于其他合法性基础的个人信息处理

依《个人信息保护法》第 13 条第 1 款的规定，除个人同意和履行合同之必需这两项之外，合法性基础还包括：为履行法定职责或者法定义务所必需；为应对突发公共卫生事件，或者紧急情况下为保护自然人的生命健康和财产安全所必需；为公共利益实施新闻报道、舆论监督等行为，在合理的范

---

① 相关详细论述可参见杨旭：《个人信息处理中履行合同必需规则的限制适用》，载自《法学》，2023 年第 6 期。

围内处理个人信息；依照本法规定在合理的范围内处理个人自行公开或者其他已经合法公开的个人信息；法律、行政法规规定的其他情形。

关于其他合法性基础的示例，可参考《信息安全技术 个人信息处理中告知和同意的实施指南》（GB/T 42574—2023）第 6.2.2 ～ 6.2.5 条的规定。就履行法定职责或者法定义务所必需而言，职责或义务可来源于国家的法律、行政法规、地方性法规、部门规章和地方政府规章。这些规范本身就证实了个人信息处理活动的正当性、必要性——若不如此，个人信息处理者就是违法的。为公共利益实施新闻报道、舆论监督等行为的个人信息处理和公开的个人信息处理都强调了"合理的范围"。有关对合理的范围的判断，现在仍没有较具操作性的标准，企业仍需依个案和个人信息处理的基本原则进行判断。

（五）敏感个人信息的处理

依《个人信息保护法》第 28 条第 1 款的规定，敏感个人信息是一旦泄露或者非法使用，容易导致自然人的人格尊严受到侵害或者人身、财产安全受到危害的个人信息，包括生物识别、宗教信仰、特定身份、医疗健康、金融账户、行踪轨迹等信息，以及不满十四周岁未成年人的个人信息。

一个更详细的敏感个人信息的列举可参考《信息安全技术 个人信息安全规范》（GB/T 35273—2020）附件 B。此类列举因为没有考虑使用场景而并非全无问题。在某些特定场景下，依赖技术措施的采用，虽然处理的是个人医疗信息，但其表示形态已经脱敏，其使用目的和使用范围受到严格的监控，即使泄露，也基本不会损及自然人的合法权益。在此场景下的个人医疗信息是否应当不被认定为敏感个人信息？笔者赞同学者提出的依场景归类敏感个人信息的观点，并将场景要素作为敏感个人信息的归入、择出标准[①]。

依《个人信息保护法》第 28 条第 2 款的规定，敏感个人信息的处理须有特定的目的、充分的必要性并采取严格的保护措施。目的特定性的要求跟一般个人信息的处理相比，并无特殊之处；充分的必要性则可解读为对特定目的的实现，除了通过处理敏感个人信息的方式，并无其他更少处理或不处理敏感个人信息的方式；严格的保护措施则是指相对于一般个人信息的保护措施而言，敏感个人信息的保护措施要更严格一些。

依《个人信息保护法》第 29 条的规定，敏感个人信息的处理应取得个人的单独同意；法律、行政法规规定处理敏感个人信息应当取得书面同意的，从其规定。书面同意并不是单独同意的替代措施，二者是并列关系；即使其他法律、行政法规规定有敏感个人信息的书面同意要求，此书面同意的方式也应当符合单独同意的要求。[②] 单独同意宜简单地理解为个别同意、单列同意，即应个别、单列出被处理的敏感个人信息，由信息主体表达是否同意。须注意的是，仅基于同意的敏感个人信息处理，须采取单独同意的方式；如果敏感个人信息的处理基于其他的合法性基础，则不需要单独同意，但仍须遵守《个人信息保护法》第 28 条第 2 款的规定。

[①] 王苑：《敏感个人信息的概念界定与要素判断——以〈个人信息保护法〉第 28 条为中心》，载自《环球法律评论》，2022 年第 2 期。

[②] 程啸：《论个人信息处理中的个人同意》，载自《环球法律评论》，2021 年第 6 期。

（六）多方处理个人信息的情形

如前所述，个人信息可能从某一个人信息处理者流向其他方，这就涉及多方处理个人信息的情形。在存在多方处理个人信息的场合下，各方之间有可能构成共同处理、受托处理、各自处理的关系。共同处理是指多个个人信息处理者共同决定处理目的、处理方式等；受托处理则是一方接受另一方指示，在另一方所确定的目的范围内处理个人信息；各自处理则是指多方个人信息处理者各自独自决定个人信息处理的目的、方式等。

在涉及多方参与个人信息处理活动时，对各方的处理角色认定，不应仅通过各方彼此间所签署的协议，更应当站在客观第三方的角度，从个人信息处理的场景、各方的影响力和作用等角度综合判断。如果有多家企业共同决定个人信息被收集、使用的目的、方式，即使只有一家企业在实际收集、使用个人信息的具体操作，那么这多家企业仍然构成个人信息的共同处理关系。如果有一家企业在实际收集、使用个人信息，但全无自己的目的，而是受其他企业委托、完成其他企业的任务，则双方宜认定为受托处理关系。

在实践中，两个个人信息处理者在某个特定场景下是共同处理者，但在此特定场景之外是各自处理者，也存在着一方借助强势谈判地位，通过书面合同"伪装"成受托处理者，但实际是共同处理者的情形。在引导案例中，即使餐厅 A 与公司 C 订立委托服务合同，约定餐厅 A 依照公司 C 的指示设置"抽奖赢红包"弹窗，受公司 C 委托收集用户信息，使用户同意接受公司 C 的信息推送，但从该活动所处的客观环境（餐厅 A 小程序）、受众（该小程序用户）、餐厅 A 的影响力来看，宜认定餐厅 A 与公司 C 构成共同处理个人信息的关系。

（七）公开个人信息的处理

依《个人信息保护法》第 27 条规定，个人信息处理者可以在合理的范围内处理个人自行公开或者其他已经合法公开的个人信息；个人明确拒绝的除外。对作为个人信息处理者的企业来讲，只有个人自行公开或者其他已经合法公开的个人信息，企业不需要经过个人同意，可在合理的范围内处理该个人的个人信息。在网络时代，判断公开的个人信息是个人自行公开的还是经过合法途径公开的，并非易事。某网站宣称其可公开访问的个人信息均来自网络上已公开的个人信息，并遵守各公开网站的 Robots 协议[①]获取。但若想判断某企业是否可处理该网站上公开的个人信息，须在处理前对网站进行一定程序的调查。只有当该企业对此网站的公开个人信息来源履行了谨慎的调查义务，确信其公开个人信息的合法来源，其才可在合理的范围内进行信息处理。

对于已合法公开的个人信息，个人信息处理者可在"合理的范围"内处理。关于"合理的范围"，有学者建议，不得采用侵害信息主体权益或者违反信息主体合理预期的方式来处理个人信息。[②]这一建议难以具有操作性，因为已公开个人信息的最初来源在现今很难查证明白，很多网站均是从各个渠道公开获取信息，很难获知信息主体最初公开个人信息时的合理预期。换言之，如今公开信息充分流动，依赖个人信息主体公开时的预期目的限制原

[①] robots 协议也称爬虫协议、爬虫规则等，是指网站可建立一个 robots.txt 文件来告诉搜索引擎哪些页面可以抓取，哪些页面不能抓取，而搜索引擎则通过读取 robots.txt 文件来识别这个页面是否允许被抓取。但是，这个 robots 协议不是防火墙，也没有强制执行力，搜索引擎完全可以忽视 robots.txt 文件去抓取网页的快照。——编者注

[②] 龙卫球主编：《中华人民共和国个人信息保护法释义》，中国法制出版社 2021 年版，第 123~124 页。

则来判断"合理的范围"是做不到的。在此情况下，笔者建议采用利益衡量原则来判断"合理的范围"，即企业处理公开个人信息的行为是否不正当地扩大了个人所遭遇的风险，对个人的利益有无重大不利影响。如无，则企业无须获得个人的同意，独自处理个人信息。依此标准，在梁某某与北京某正信科技有限公司网络侵权责任纠纷中，法院认定，"某正信公司展示的信息内容与裁判文书公开信息一致，并未对该信息进行不当篡改、处理，亦未以收集自然人征信、窥探个人隐私等不当目的进行数据匹配和信息处理。结合某正信公司网站经营所自称的目的，某正信公司经营模式是通过对司法公开数据的再度利用，保障和便捷公众对相关信息的知情权，有利于社会诚信体系的建设，也不违背司法公开的目的，该利用形式未违反法律禁止性规定，亦不违反社会公序良俗，具有一定的正当性"[①]。

四、讨论与展望

在个人信息保护合规的实践中，存在着许多值得在理论与实践中深入思考的问题，这里列举若干，供读者思考。

（一）基于风险与信任的合规理念

《个人信息保护法》第1条已清晰说明，个人信息保护合规的目标是"保护个人信息权益""促进个人信息合理利用"。这两项目标并不是矛盾的，

[①]　北京市第四中级人民法院民事判决书，（2021）京04民终71号。

并不存在过度保护个人信息权益以至个人信息合理利用受到限制的情景。恰恰相反，现实的情况是个人信息被滥用，以至于不得不制定过于严苛的个人信息权益管制规定来纠正个人信息被滥用的现状。而过于严苛的个人信息权益管制规定不仅限制了对个人信息的合理利用，更可能产生"劣币驱逐良币"的效果：合规经营的企业由于过高的合规成本放弃了对个人信息的合理利用；不合规经营的企业在简单地计算违法行为被发现的概率与收益后，会继续甚至扩大其滥用个人信息的行为。因此，对于个人信息保护合规的目标，应当放弃"保护个人信息权益"与"促进个人信息合理利用"之间进行利益权衡的思维，建立二者共同促进、相辅相成的思维。

为体现"保护个人信息权益"与"促进个人信息合理利用"目标的共同性，应建立基于风险与信任的个人信息保护合规理念：对要求企业采取的个人信息保护合规措施，应从是否能降低个人信息权益被侵害风险、是否能提升信息主体与企业之间信任的角度，判断该等措施的必要性；如果不能，此等合规措施要求就欠缺正当性。如果企业采取的合规措施降低了个人信息权益被侵害的风险，就应当赋予企业更充分利用个人信息的可能性，增加企业对个人信息利用的收益，体现风险—合规的相符合性。如果对企业的合规措施要求稳固或提升了企业与信息主体之间的信任，信息主体在主观上就会认为其权益被侵害的风险降低，更有动机允许企业对其个人信息的合理利用。

（二）隐私政策能否构成格式条款

隐私政策是个人信息处理者落实《个人信息保护法》第 17 条所规定告

知义务的具体方式。隐私政策的主要内容包括个人信息处理者的名称或者姓名和联系方式；个人信息的处理目的、处理方式，处理的个人信息种类、保存期限；个人行使《个人信息保护法》所规定权利的方式和程序。单从内容来看，隐私政策只是将个人信息处理者做什么、如何做的事实告知、公开而已，没有任何创设权利、承担义务的内容，因此，隐私政策的内容不具有合同内容性质，自然不构成合同内容的格式条款。就此种隐私政策，信息主体只需确认阅读，无须也无法表达同意。

但是，现实并非如此简单。在实践中，有些个人信息处理者将信息主体告知—同意的内容藏进隐私政策里，也有采取要求信息主体同意隐私政策的操作（包括在隐私政策中声明不反对新版隐私政策即为同意的表达），还有将合同内容塞入隐私政策的操作。例如在引导案例中，《餐厅 A 小程序隐私政策》里面的内容"您同意本隐私政策表示您同意按该隐私政策的规定收集您的个人信息""您在注册本餐厅会员时，需要提供手机号码完成会员注册"，就属于此类操作。针对此类现实情况，解决方案有以下几种：（1）此种内容的隐私政策不符合法定要求，对发布此隐私政策的个人信息处理者施以行政处罚；（2）认可此隐私政策，进而就要承认其合同性质，并用《民法典》第496 条、第 497 条关于格式条款订入控制、内容控制的方式，来判定隐私政策内容的有效性。

采取第一种方式最符合法律规定之原义，但这对行政机关的执法能力、水平提出了很高要求；采取第二种方式，行政机关执法压力较小，压力转移到司法机关，但鉴于司法救济的被动性，最后付出代价的是信息主体。从理论层面讨论隐私政策是否构成格式条款，需要进一步澄清隐私政策的性质，是否符合订入控制、内容控制等要求，以及依格式条款规则判定后的法律后果 [①]。

（三）个人信息处理的合法性基础叠加

《个人信息保护法》第 13 条第 1 款具体规定了个人信息处理的合法性基础，可分为同意和其他无须同意的合法性基础。对个人信息处理者来讲，其有义务选择合适的合法性基础。那么，此种选择是单选还是多选，即对某具体场景下的个人信息处理，个人信息处理者是否必须选择一项具体的合法性基础，还是可以选择多项不冲突的合法性基础。在选择多项合法性基础的场合下，个人信息处理者较常采取的是，同意加履行合同之必需的选择，或者同意加履行法定义务或职责的选择，此为个人信息处理的合法性基础叠加。这种多选的好处是，当其中一项合法性基础不具可行性时，如当特定合同、特定法定义务履行完毕后，基于同意的合法性基础仍然具有效力，使个人信息处理者仍能继续处理个人信息。

但是，这种合法性基础叠加的做法是否合法，仍须严肃、审慎地讨论。具体而言，这种合法性基础叠加可能引发以下问题：（1）在某项具体的个人信息处理场景，个人信息处理者是否有法定义务选择唯一的合法性基础？（2）既然一旦选错，则构成违法的个人信息处理，那么个人信息处理者是否有合理利益，选择多项不冲突的合法性基础？（3）在常见的同意加履行合

---

① 就此问题，感兴趣的读者可进一步阅读：林洹民：《论个人信息主体同意的私法性质与规范适用——兼论〈民法典〉上同意的非统一性》，载自《比较法研究》，2023 年第 3 期；林洹民：《数字服务合同单方变更权之规制》，载自《现代法学》，2023 年第 2 期。

同之必须或履行法定义务或职责的叠加选择上，信息主体此时表达的同意，是否符合法定要求？（4）在个人信息处理者基于（3）作出的合法性叠加决策上，如果信息主体表达了同意，其事后是否可撤回及撤回的法律效果如何？（5）在个人信息处理者基于（3）作出的合法性叠加决策上，当履行合同、法定义务或职责的目的已实现时，信息主体之前所收集的个人信息是否应删除？或者个人信息处理者是否需要再次通知信息主体？这些问题均具有重要的讨论价值，期待之后实务与学术上的深入讨论。

（四）捆绑禁止问题

就个人信息处理者与信息主体所达成的民事合同，如果信息主体提供其个人信息作为该合同的给付义务，就会产生信息主体同意个人信息处理的自决权与其履行合同义务之间的冲突。捆绑禁止是指禁止个人信息处理者以要求信息主体履行给付义务为由，要求信息主体表达《个人信息保护法》第13条第1款第1项意义上的同意。

在实践中，赞同或反对捆绑禁止将对涉及个人信息的数据交易产生重大影响，这集中体现个人信息数据交易的合同设计、各方权利行使的方式与限制、合同有效性。这里简要陈述以下几个较显著的问题：信息主体与个人信息处理者的个人信息数据交易合同订立后，（1）信息主体的同意提供个人信息，是否符合《个人信息保护法》第14条第1款的自愿要求？（2）信息主体拒绝同意提供个人信息，是否应承担违约责任？个人信息处理者是否有权要求强制履行？（3）信息主体在同意后是否能撤回同意？如能，撤回同意

后的法律效果如何？ [①]

（五）权利冲突问题

信息主体的个人信息之载体同时构成法律所保护的其他权益，如构成个人信息的肖像、姓名、声音、视频等同时构成《民法典》人格权编下的姓名权、肖像权、声音（权）、隐私等，个人信息处理者所收集的个人信息可能也构成其竞争对手的商业秘密。在此情况下，就可能会产生个人信息权益与其他权利相冲突的问题。

对此权利冲突问题，有大致两种解决思路：一种是对《个人信息保护法》所保护的个人信息与《民法典》所保护的人格权进行区分，已有学者建议通过"算法识别"性来区分两类法益；另一种是承认此类权利冲突，并在现行法律框架下建构一种解决权利冲突的方案。在法律实务中，我们当然可采取最稳妥的手段，要求信息主体将与个人信息相关的一切权益都进行授权，但此种粗犷的授权并非全无问题：信息主体在既同意人脸信息处理又授权肖像使用的情况下，如果又撤回同意，个人信息处理者将如何应对？是基于肖像授权继续处理人脸信息，还是基于信息主体的撤回同意肖像授权已收回？ [②]

---

① 针对上述问题，感兴趣的读者可阅读以下参考文献。傅雪婷：《个人信息同意撤回与个人数据对价化》，载自《南大法学》，2022 年第 5 期；林洹民：《个人数据交易的双重法律构造》，载自《法学研究》，2022 年第 5 期；施鸿鹏：《任意撤回权与合同拘束力的冲突与协调》，载自《政治与法律》，2022 年第 10 期。

② 对此权利冲突问题，感兴趣的读者可阅读以下参考文献。杨芳：《肖像权保护和个人信息保护规则之冲突与消融》，载自《清华法学》，2021 年第 6 期；杨芳：《我国〈个人信息保护法〉中私人事务例外规则之解释》，载自《南大法学》，2022 年第 3 期；彭诚信：《论个人信息权与传统人格权的实质性区分》，载自《法学家》，2023 年第 4 期；彭诚信：《重解个人信息的本质特征：算法识别性》，载自《上海师范大学学报（哲学社会科学版）》，2023 年第 3 期。

第五章

数据流通交易合规

　　自电子计算机将人类带入信息时代以来，数据逐渐成为承载信息的主要形式，人类固有的信息交换需要就由此体现为数据流通交易的需要。随着信息系统的广泛建设和云计算等技术的发展，人类从信息时代进入了大数据时代。大数据时代的典型特征，如维克托·迈尔－舍恩伯格所言，体现为因果性而非相关性、全量数据而非样本数据、混杂性而非精确性。[①] 这些变化体现了大数据的独特价值，也凸显了其与生俱来的安全风险。例如，隐私、个人信息和数据前所未有地密切关联，大数据时代让个人信息保护成为一个备受关注的社会问题。2018 年，GDPR 凭借其"布鲁塞尔效应"为世界范围内严格的数据合规拉开了帷幕。中国也于 2021 年通过了《个人信息保护法》，对企业施加了非常严格的数据合规要求。随着《网络安全法》《数据安全法》和《个人信息保护法》的齐备，数据合规的上位法框架已经搭好。在此意义上，大数据时代也是一个合规时代。

---

① 维克托·迈尔－舍恩伯格，肯尼思·库克耶. 大数据时代：生活、工作与思维的大变革 [M]. 周涛，译. 杭州：浙江人民出版社，2012.

随着数据被确立为生产要素，数据要素潜能充分释放，促进数据在不同主体间广泛流通交易已经成为共识。这带来了一个有别于传统数据合规的新问题，即数据流通交易中的合规问题。在系统构建数据基础制度的《中共中央、国务院关于构建数据基础制度更好发挥数据要素作用的意见》（以下简称"数据二十条"）中，"合规"一词出现了 16 次。特别是对数据产权制度的描述突出为"建立保障权益、合规使用的数据产权制度"，对流通交易制度的描述突出为"建立合规高效、场内外结合的数据要素流通和交易制度"，对于国家级数据交易场所的功能描述为"合规监管和基础服务"。与"合规"的高频出现相伴随的悖谬现象是，作为一个新兴业态，数据流通交易行业中的"合规"尚未得到清晰界定。这不仅在实践中造成了低水平重复、生搬硬套其他领域合规等现象，也在学术上要求更具体系化、反思性的法学理论成果。

一、导入案例与主要问题

资本市场作为对合规性极为敏感的市场，提供了很好的数据交易合规案例。在企业首次公开募股过程中，招股说明书的一个重要部分就是合规披露。为了让监管者、投资人放心，确保企业相关风险可控，企业往往投入巨大成本进行合规相关的制度、技术建设和信息披露。自"数据二十条"提出"数据要素型企业"概念以来，一批以数据资源、数据产品、数据资产为主要业务对象的数据要素型企业正在迈向 IPO，其中历经多次问询的上海合合信息科技股份有限公司（以下简称合合信息）就是一个典型代表。

根据招股说明书，合合信息"是一家人工智能及大数据科技企业，基于自主研发的领先的智能文字识别及商业大数据核心技术，为全球 C 端用户和多元行业 B 端客户提供数字化、智能化的产品及服务"。

"公司 C 端业务主要为面向全球个人用户的 C 端 App 产品，包括扫描全能王（智能扫描及文字识别 App）、名片全能王（智能名片及人际关系管理 App）、启信宝（企业商业信息查询 App）3 款核心产品；公司 B 端业务为面向企业客户提供以智能文字识别、商业大数据为核心的服务，形成了包括基础技术服务、标准化服务和场景化解决方案的业务矩阵，满足客户降本增效、风险管理、智能营销等多元需求，助力客户实现数字化与智能化的转型升级"。

"公司核心技术包括智能文字识别及商业大数据技术。其中智能文字识别技术融合了智能图像处理、复杂场景文字识别、自然语言处理（NLP）等人工智能技术，相比传统简单文字识别，具备更多认知与理解能力，可适应多语言、多版式、多样式等复杂场景，并可应用到多个商业化场景中并形成落地的产品或服务，例如票据分类、证照票据结构化、合同关键信息抽取、智能审核等。商业大数据技术包括大数据挖掘与知识图谱等技术，通过'数据→信息→知识→智能'4 个层次，挖掘商业数据背后蕴藏的价值，赋能各行各业。"[1]

根据招股说明书，合合信息的核心业务离不开数据交易，合合信息也披露了数据采购的相关细节："报告期内，计入营业成本的数据采购分别为643.36 万元、1036.20 万元和 814.30 万元。公司的大数据获取主要有两种途

---

[1]《上海合合信息科技股份有限公司首次公开发行股票并在科创板上市招股说明书（上全稿）》。

径，分别是向供应商采购的企业数据、自动化访问获取的企业数据。报告期内，由于商业大数据业务不断发展，对数据的需求也在不断增加，公司主要向行业内知名的数据供应商进行采购，如上海凭安征信服务有限公司、东方财富信息股份有限公司等，并在 2020 年 9 月 30 日与人民数据签署系列协议，就'人民金融大数据中心'项目进行合作，同时向人民数据采购企业工商大数据。2021 年，公司进一步加强了和人民数据的合作，采购金额同比增长 290.64 万元，2022 年度同比下降主要系：人民数据基于双方长期合作的战略考虑，其年框合同从首年 450 万元后降低到 360 万元／年，且 2021 年公司采购企业基础工商信息以补充公司所缺失的数据维度，2022 年，在数据维度已补全的前提下，仅需针对新增企业进行数据补充即可，因此相关数据调用量大幅下降，导致数据采购金额同比下降 21.41%。"

不过，上述披露成为监管机构问询的重点内容之一。根据公开披露的第一次问询记录，关于数据交易合规主要涉及以下三个方面的问题："（1）发行人各项业务及研发分别获取、存储、使用哪些数据，对应的数据来源、数据权属，是否存在销售数据的情形；（2）发行人向个人供应商采购数据的主要内容、比例及原因，价格公允性，该个人供应商是否与发行人及其客户、其他供应商存在关联关系或利益安排；（3）发行人来源于供应商采购和自主获取的大数据的区别及报告期内占比，自动化访问获取的企业数据如何确保来源合法性，发行人调查供应商及数据来源合法性的具体方式及有效性。"①

上述问询可以归纳为三个方面：第一，数据来源问题；第二，供应商资

---

① 《关于上海合合信息科技股份有限公司首次公开发行股票并在科创板上市申请文件的首轮审核问询函的回复》。

质问题；第三，采购合理性问题，特别是价格公允性和比例适当问题。

根据合合信息的披露，其采购工商信息数据主要通过凭安征信、人民数据两家供应商，采购上市信息数据主要通过东方财富一家供应商。尽管上述供应商都是行业内比较有代表性、权威性的供应商，为了确保来源和供应商资质的合规性，合合信息依然制定了较为严格的内控制度，制定了《供应商管理细则》《数据采购管理规范》等制度文件，完善了记录和存储采购合同、廉洁协议以及交易记录等采购流程，并在数据采购合同中要求数据供方作出承诺："提供数据均来自公开、合法渠道，否则由数据提供方承担一切法律责任。"此外，为了确保采购数据的合理性，合合信息还采取了将采购数据打标的方法，从而可以便利地统计出直接采购数据的比例。

上述主要问题给了我们一个很好的导入，监管者关注的要点恰是企业在数据交易中需要注意的合规事项，而合合信息的答复和相关措施则可以给数据交易合规的相关原理和要点提供范例。

二、原理阐释

本书已经讨论了数据合规的基本原理。数据流通交易合规不能简单地认为是数据合规的子概念，而是一个有较大区别的、新的合规领域。数据流通交易涉及多个主体、多元标的和不同场景，在金融、工业、医疗健康、交通航运、人工智能等不同的领域都有不同的合规要求和路径，具有鲜明的场景性。数据流通交易是持续的、动态的过程，它的市场模式、底层技术和风险认知也是动态发展的，具有鲜明的动态性。场景性和动态性是理解数据流通交易合规的关键性特征：在具体场景中精准合规、在流通交易过程中动态合规，都有别于在企业内部静态合规——这是数据流通交易这一新业态给"合规"这一传统领域带来的新问题。

所谓"流通交易"，有两种典型理解：其一，并列结构，流通和交易是并列的概念；其二，偏正结构，流通交易的重点在于交易，流通作为修饰语存在。笔者认为，数据流通交易可视为 data exchange 的对译，在中文语境中包含数据在特定主体间共享、传输、交换、交易等不同含义。

数据流通交易的标的主要是企业数据或社会数据（通常不可避免会涉及个人信息和公共利益），不仅要覆盖数据内部治理的全部合规性要求（狭义的数据合规），还要重点考虑数据流通交易的场景性特征，重点关注架构逻辑（狭义的数据流通）和市场逻辑（狭义的数据交易）两类典型逻辑的动态性特征。

（一）架构逻辑的合规问题

数据流通的第一种逻辑是架构逻辑。架构逻辑意味着数据主要通过封闭的、互操作的技术架构实现流通，包括在单一企业或平台内部流动，也包括在企业间、平台间数据共享。对于单一企业而言，经过数字化转型后，数据通常集中存储在数据湖、数据中台等服务器中，并按照数据源层、数据层、平台层、业务层等逻辑结构归集和分发数据，设置各部门、各条线的用数权限。这种高度集成化的数据管理系统通常只存在于科层化的、由权威组织起来的企业内部。如科斯在《企业的性质》中指出的，"一个企业会逐渐扩张，直至企业组织内进行交易的成本等于通过公开市场或其他企业进行交易的成本"。随着数字化转型的推进，企业将需要大量的外源数据作为"生产要素"，以帮助企业进行辅助决策、降本增效、获客营销、风险控制等。在一个企业间需要互通业务、共享信息的产业链中，业务流与数据流合二为一可以更好地服务于产业链上下游的协调，这就产生了搭建一个企业间的数据流通架构的需求，让数据流通模仿企业内部的逻辑，通过特定的"架构"设施扩展到企业之间。

"数据空间"是架构逻辑的典型代表，用于实现行业内、企业间数据安全、可控地共享流通。欧盟率先提出的"国际数据空间"是一个数据自主权（data sovereignty）理论基础的行业数据共享设施。所谓数据自主权，即数据持有者具有决定数据在架构内是否流通、何时流通、向谁流通、以什么形式和内容流通等事项的权限和能力。与数据产权保护的制度性思路不同，数据自主权主要是通过软硬件、标准、认证等技术手段实现的。在欧洲"国际数据空间"中，连接器（connector）是一个关键基础设施。连接器有三个功能：第一，接口。企业通过连接器接入去中心化的数据空间中，可以通过连接器传输、转换数据，并形成数据网络、数据市场。第二，标准。通过连接器内置的统一标准，实现了数据流通中的互操作性，包括语义、语法和结构的互操作性。第三，增值服务。连接器可以内置应用程序，由第三方服务商提供数据处理、数据加工、数据分析等增值服务。欧洲以行业为划分标准建设了九大行业数据空间，并向世界各国输出其理念与技术。

国内政策制定者、研究机构和企业也认识到"数据空间"的重要意义，着手建设了各类"数据空间"，如中国信息通信研究院牵头建设的可信工业数据空间（Trusted Industrial Data Matrix, TIDM），华为技术有限公司牵头建设的企业数据交换空间（Enterprise Data Space, EDS）等。《广东省数据流通交易技术安全规范》以专章的形式规定了"行业数据空间"相关内容，不仅将数据空间定义为基础设施（"行业数据空间是行业领域内数据开放共享和可信流通的基础设施，服务能源、电信、金融等各行业领域的数据要素流通"），也从合规性角度给数据空间提出了若干要求。

例如，从授权控制的角度，"行业数据空间可提供电子化、可执行的合约功能，依据数据授权对数据的流通和使用进行严格控制，保障参与主体的合法权益"；从存证溯源角度，"行业数据空间可依托区块链技术，提供数据流通全流程的存证功能，保障数据流通过程可回溯、可审计"。从功能来看，数据空间为代表的架构逻辑基础设施所解决的主要不是可流通性、易流通性等效率问题，而是流通安全、可控、可信的合规性问题。数据空间可以视为典型的"合规设施"，企业通过合作建设、共同接入一个相对封闭的、有限的、符合本行业数据安全相关标准的数据空间，而非接入公共互联网交换数据，目的是在本行业、本领域范围内按照"数据来源可确认、使用范围可界定、流通过程可追溯、安全风险可防范"的要求开展数据流通活动。由于不同行业对数据流通的标准要求不一，行业数据空间可以更好地反映行业特殊的监管要求、建立本行业特殊的数据互操作标准。在金融、医疗健康等隐私性要求较高的场景下，多方安全计算、联邦学习、可信执行环境等隐私计算技术也可以作为合规技术对合规基础设施予以补充。[①]

---

① 唐林垚：《数据合规科技的风险规制及法理构建》，载自《东方法学》，2022 年第 1 期。

（二）市场逻辑的合规问题

数据交易反映了数据流通交易的第二种逻辑：市场逻辑。市场逻辑意味着数据主要通过市场标的物（数据产品）、市场参与者（供需方、数商或第三方服务商、数据交易场所）、交易渠道（电子市场）和价格、法律、竞争等市场动力机制实现流通。架构逻辑虽然在互操作性、标准的统一性方面有一定优势，但是由于架构逻辑具有排斥跨架构流通的自限性、缺乏动力机制的激励因素以及庞大的架构规模所产生的高昂的设施建设成本，在一个更大范围尺度的数据要素流通交易场景中，市场逻辑比架构逻辑更为重要。市场逻辑可以发挥市场配置资源的决定性功能，显著降低数据要素流通交易的设施建设成本，但是市场的特性决定了不可避免会存在各类交易成本，包括搜寻成本、履约成本等，特别是合规成本。

梳理数据交易的发展历史，可以清晰地看到数据交易的合规如何变得越来越重要，并成为一项不可忽视的成本。我国数据交易市场经历了三个发展阶段。在不同的阶段，交易形式、交易标的、主要风险类型以及相应的合规要求都是不同的（见表 5-1）。

表 5-1　数据交易的三个阶段及其主要风险类型

	交易形式	交易标的	主要风险类型	合规要求
第一阶段	灰色交易	原始数据	隐私泄露风险	不清晰
第二阶段	点对点交易	数据集	来源风险、流通风险	来源合规、流通合规
第三阶段	标准化交易	数据服务、数据应用	主体风险、来源风险、可交易性风险	主体合规、来源合规、可交易性合规

大数据时代到来，以"3V，大量（volume）、多样（variety）、高速（velocity）"为特征的大数据以惊人的速度增长，并随着企业数据处理、分析能力的提升而成为服务于各类生产、经营活动的重要生产要素。企业竞争力的一大重要方面就是占有大量的数据，并从数据中抽取出信息、知识和智慧（所谓的 DIKW 体系[①]）。在大数据时代的早期，以精准营销为代表的市场需求催生了早期的数据交易市场。在缺乏数据安全、个人信息保护等相关法律的时代，数据交易以灰色交易的形式迅速发展，未经深度加工的原始数据（主要是个人信息类数据）成为交易的主要标的，导致泛滥的隐私泄露风险。原始数据来源主要包括两类：第一，经由数据泄露而进入市场的数据，泄露途径包括黑客攻击、内部流出、安全漏洞等形式；第二，经由非正式授权而进入市场的数据，在经济利益的驱使下，部分持有数据的公共部门或平台企业以非正式授权的方式向市场流出数据。数据交易的"野蛮生长"和互联网的"非法兴起"一样，市场主体在缺乏监管和规范的情形下选择了交易成本最低的一种流通方式，即原始数据的明文流通，这在一定程度上实现了数据本身的信息复用价值。但是这种流通方式是否合规，尚不具备一个明晰的标准。

随着技术的发展，将数据"封装"进一个可流通"结构"中的技术逐渐成熟，原始数据流通交易开始逐渐被"数据产品"所取代，其中较简单的数据产品形式是数据集。随着关系型数据库技术的不断成熟，大规模、互操作的数据库成为可能，并成为一种可以在市场上流通的数据产品形式。所谓

---

① DIKW 体系就是关于数据、信息、知识及智慧的体系。资料层是最基本的，信息层加入内容，知识层加入"如何去使用"，智慧层加入"什么时候才用"。DIKW 体系常用于信息科学及知识管理。——编者注

数据集，即对数据资源进行清洗、标注、架构化等加工处理后，形成有一定主题的、可满足用户模型化需求的数据集合。数据集的典型交易形式是点对点交易，数据供方根据数据需方需求对数据资源进行加工处理后，形成满足数据需方对内容、字段、规模等要求的数据集，并通过文件包、数据库同步或中转等交付方式传输。数据需方在接入数据集后，通常会按照自有数据库的标注、维度等要求，对采购数据集进行再加工，并和已有数据进行融合汇聚，更新数据库。在点对点的交易过程中，有两项风险值得注意：其一，数据供方的数据是否得到了完整、合法的来源授权，若授权链不完整，可能导致来源风险；其二，数据在供方、需方之间传输的过程是否符合安全管理要求和存证、留痕要求，如相关要求不满足，可能导致流通风险。

随着应用程序编程接口（API）、云计算等技术的发展，数据产品逐渐有了更加复杂的结构，衍生出数据服务、数据应用等新型产品形式。它们都以数据资源为基础，但是不再直接传输完整的、互操作的数据集，而是根据用户需要提供特定的数据处理结果（数据服务）或定制化的解决方案（数据应用）。数据服务是目前市场上最为常见的数据产品形式，通过 API，数据需方可以通过查询—返回的方式调用数据，并实现按查询或查得条数计费。和数据集相比，数据服务更加适合不需要全量数据，但是需要精准查询特定信息的需方。数据服务之所以比数据集更类似于一种"服务"，是因为其贯彻了数据即服务（Data as a Service，DaaS）的理念，让数据需方免除必须存储大量数据的负担，而通过敏捷的接口迅速调用云服务器上的数据，得到支撑业务或决策的信息。DaaS 也实现了数据持有和数据使用之间的分离，让数据供方专注于生产、更新数据资源，并提供更高效率、更高质量、更能满足用户需求的数据服务终端，从而让数据需方以低成本使用数据、获得服务。

数据应用是一种更加复杂的数据产品形式，通过 SaaS、软件、客户端等终端形式，为用户提供可视化的指数、报告、图谱等基于数据资源的解决方案。数据应用呈现版本化、定制化的特征，用户甚至无须特殊的数据处理能力，就可以直接得到数据上的信息、知识和价值，因此数据应用不仅可以 to B 端，也可以 to C 端。数据应用比数据服务更强调"应用"价值，它更接近一个已经完成的成熟产品，而非半成品、零件或原材料。虽然数据服务和数据应用有很大不同，但是从交易形式来看，他们都超越了点对点的早期阶段，进入标准化的产品阶段。数据供方不再为某个特定供方加工、标注形成一个数据集，而是为不特定的市场需方生产标准化的数据产品，并逐渐形成了定价、质量、维度、版本等行业标准，可以形成数据产品交易的规模效应，乃至通过平台交易实现网络效应。

从风险角度来说，数据服务和数据应用存在一些有别于数据集、原始数据的重要方面。首先，数据产品供给主体的资质要求被强化了。由于标准化数据产品的流通交易范围更广，对技术处理条件、安全管理条件的要求更高，给市场主体施加一定的合规要求成为应有之义。其次，数据产品封装的复杂度造成了数据资源的"黑箱化"，用户能得到的是一条查询结果或一帧产业图谱，但是底层的数据资源依然存在来源合法性风险。需要注意的是，公开获取（爬取）、自行生产、间接获取（交易、共享）等数据取得方式，是否符合法律规定并获得了相应的授权，特别是涉及个人信息场景时，是否获得了数据来源者的单独授权。最后，由于数据资源被深度加工为数据服务和应用等产品，产品的可交易性成为一项重要风险事项。相关的风险，如数据产品可能侵犯他人在先的合法权益，违反法律法规、公序良俗，构成不正当竞争；数据产品可能不包含实质性加工或创新性劳动，不能够提供测试数据，不满足更新要求、可定价要求等，从而使得数据产品不具备投入市场进行规模化、标准化流通的条件（不具备可交易性）。从合规性角度看，可以明确为主体合规、来源合规、可交易性合规三个维度。

值得注意的是，2021 年通过的《数据安全法》第 33 条引入了数据中介服务机构这一特殊主体，并对其功能进行了以下规定："从事数据交易中介服务的机构提供服务，应当要求数据提供方说明数据来源，审核交易双方的身份，并留存审核、交易记录。"数据中介服务机构的法定功能不在于撮合成交、供需对接、中介服务，而在于说明来源、审核身份、留存记录这些明显带有监管性质的功能，并且恰好对应来源合规、主体合规、可交易性合规几个合规事项。数据中介服务机构，目前来看主要是数据交易场所，《数据安全法》将其定位为自律性"合规监管"或"协同监管"的准公共服务机构，并在第 47 条对不能履行第 33 条义务的数据中介服务机构订立了罚则。虽然在《数据安全法》中关于数据交易相关的规定很少，但是已经契合了标准化数据流通交易形态下的合规原理。

综上所述，在架构逻辑和市场逻辑之下，由于场景和动态性质的不同，数据流通交易合规的原理也是不同的。在架构逻辑下，合规更多体现为设施合规和技术合规。在市场逻辑之下，原始数据（灰色交易）、数据集（点对点交易）、数据服务、数据应用（标准化交易）这些层层递进的数据流通标的和形式又会衍生出不同的风险类型和合规要求。从目前较为成熟的数据交易合规指引来看，市场逻辑下的数据流通交易合规基本包含主体合规、来源合规、可交易性合规等主要环节，通过细化这些主要环节，明确相关合规事项和标准，可以在很大程度上确保数据流通交易的风险可控。

三、合规要点指引

上海数据交易所作为国内领先的数据交易机构，其发布的合规指引具有一定的标杆意义。在 2023 年 11 月 26 日的全球数商大会成果发布中，《上海数据交易所发布了《上海数据交易所数据交易安全合规指引》。本部分将结合前文的原理阐释，对该合规指引进行解读，并将其原文作为附录放在文后。

《上海数据交易所数据交易安全合规指引》的主体部分包括四大块内容，分别是：主体合规要求；数据安全管理体系；数据来源合法；数据产品的可交易性。此外，该合规指引还附有合规注意事项清单及可参考的法律法规与标准的附件条文。这些附录资料，有利于数据交易主体了解该合规主体部分指引的基本内涵、立法依据及其具体构成，方便快捷地查询相关规范依据，做到了易懂、易查。这四大块内容可以对应到前文所属的三项合规要求中，主体合规对应"主体合规要求"和"数据安全管理体系"，来源合规对应"数据来源合法"，可交易性合规对应"数据产品的可交易性"。

在内容方面，《上海数据交易所数据交易安全合规指引》遵从了数据交易关系的内在逻辑。从主体、客体、内容所组成的数据关系角度可以更为清晰地认知数据交易的事物本质，从而也为数据交易合规找到了一条契合数据交易实践的内在逻辑。循此逻辑，《上海数据交易所数据交易安全合规指引》围绕进所交易主体合规、客体合规、流程合规方面进行了具体规则设计，其中尤其强调了数据安全管理体系建设。这些规则对标准、法律法规等各种具体义务来源进行了较为细致的列举，体现了尽力方便合规义务主体的立法宗旨。

根据《上海市数据条例》的规定，上海数据交易所有为数据交易提供场所与设施、组织和监管数据交易的职能。《上海数据交易所数据交易安全合规指引》是对该条内容的具体落实。换句话说，数据交易所力行合规，完善合规的制度建设指引合规，将合规作为进所交易的基本条件，有助于把好数据交易的"起点关"，减少数据纠纷，提升数据交易质量。

但在监管职责之外，数据交易所本质上也是一个市场主体，是市场公共服务的提供者。因此，其发布合规指引更多在于鼓励和引导相关主体依法进行交易，旨在降低数据交易主体交易成本，助推数据交易的合规健康进行。

合规是数据交易主体的"义务"，这一义务具有超出法定义务的广泛性。为什么数据企业一定要合规，原因就在于我们目前对于数据交易和数据流通的风险认知有所不足，如何有效配置有限的规制资源，实现监管的目的是不可忽视的基础问题。在数据空间中，需要掌握算法资源、技术资源、信息资源等资源的数据主体履行相关的义务，发现、认知风险点，管理风险，促进数据合规交易流通。所以，有序数据交易的建构过程中，除了政府的强制性规制力量，相关企业的合规力量同样不可或缺。这是数据交易主体负担合规义务的正当性所在。然而，合规义务的非法定性，也决定了数据交易合规必然要遵从客观市场规律、遵从成本效益分析。换句话说，数据交易合规也存在成本。在此意义上，上海数据交易所提供的进所交易安全合规指引，有利于从监管者的角度来维系数据合规的基本面，是对企业自律合规的补正力量。

合规数据交易不仅是建立健全数据要素市场建设制度的核心内容，也构成了数字中国建设的基础。我们期待，在上海数据交易所等各方主体的努力下，我国数据交易行业能够蓬勃发展。然而，我们必须认识到，数据流通交易作为新生事物，对其风险的理论研究与实践经验还有很多不足。《上海数据交易所数据交易安全合规指引》的标志性意义是，数据合规进入了实践阶段，我们相信，其必将在实践的发展中更新完善。

第六章

公共数据授权运营合规

信息化、网络化、数字化技术的发展，极大地改变了政府的治理能力和治理方式，同时建立起基于政府治理、公共服务等需求的信息化、数字化基础设施。各类系统、平台、应用被广泛开发和应用，在这个过程中也收集和产生了海量数据，既包括政务数据，也包括个人数据和企业数据，这些数据不仅蕴藏着巨大的社会价值、经济价值，也成了持续挖掘和利用的宝贵资源。大数据和人工智能时代的到来，进一步提升了人们对于数据价值的认知，加速了数据价值的开发进程。随着我国数字经济的发展进入"深化应用、规范发展、普惠共享"的新阶段[①]，在政府的主导下对政府部门及公共服务机构持有的数据资源进行价值开发利用，是充分发掘数据要素价值、构建有效的数据要素市场、助力数字经济发展的重要探索路径和应有之义。

围绕政府部门及公共服务机构持有的数据资源，本章将基于提高政府治理能力、提高公共服务水平、提供公共产品或服务（含准公共产品或服务），

---

① 《国务院关于印发"十四五"数字经济发展规划的通知》，国发〔2021〕29号。

构建基础设施、赋能产业发展等目的的开发利用，统称为公共数据资源开发利用。从数据处理的目的出发，公共数据资源开发利用进一步区分为以服务政府部门、公共服务主体法定职责或法定义务的开发利用（含通过采购第三方服务或产品，委托第三方进行的开发利用）和以服务市场化主体需求的开发利用，后者中通过授权第三方主体来实现的方式称为公共数据授权运营。本章通过比较公共数据授权运营的几种形态，进一步讨论公共数据授权运营制度的发展及其合规要求。

一、导入案例与主要问题

下面通过一个引导案例说明公共数据授权运营的复杂性和多样性及其带来的相应合规问题的复杂性。

某市为推进数据要素市场建设，孵化数字经济发展的新动力，探索开展公共数据授权运营试点工作，通过依托市大数据局建设和管理的公共数据授权运营平台（以下简称运营平台）汇聚数据，并开展相关公共数据授权运营工作。根据地方公共数据授权运营相关制度和运营平台管理要求，基于企业 A 向企业用户提供风控服务的某场景，市大数据局代表当地政府授予了企业 A 在运营平台内使用和处理对应数据集的权限。企业 A 利用这些数据提供风险控制服务，生成数据洞察报告或数据服务报告，提供给企业客户；同时，根据企业 B 为个人用户提供服务的某场景，市大数据局授予了企业 B 在个人知情同意的前提下在运营平台内使用和处理对应的个人信息的权限，以实现为个人提供服务的目的。该市在开展公共数据授权运营工作的过程中，出现了以下三种情形。

情形一：企业 A 的客户群除在企业 A 所在地市外，还覆盖众多省市。客户在与企业 A 合作后，发现某部委下设的国有企业 C 依托全国性数据平台也可以提供类似风控服务，且覆盖企业 A 所在区域及其他众多地区。由于企业 A 所在区域在客户的总体业务量中占比较小，且考虑到整体成本和技术对接难度等方面，客户最终决定选择服务区域覆盖更广的国有企业 C 为其提供相应风控服务。

情形二：企业 B 的个人客户甲，在企业 B 为其提供服务后，质疑企业 B 处理和使用其个人信息的范围、方式，并根据《个人信息保护法》要求企业 B 告知其个人信息的使用详情，以验证企业 B 所掌握的甲的信息是否准确，相关模型得出的结论是否符合甲的实际情况。但由于企业 B 在运营平台上使用客户甲的个人信息时采用的是"可用不可见"的方式，客观上无法向客户甲提供具体数据。该情形将导致个人客户甲主张的知情权和个人信息可携带权无法实现。

情形三：企业 D 是企业 B 的竞争对手，开展与企业 B 类似的服务。企业 B 因获得当地某场景下的公共数据运营权，不仅显著降低了数据获取成本，还因政府"运营权"的"背书"而在当地的宣传推广中更具优势。面对这一情况，企业 D 主张应当基于市场公平竞争的原则和《个人信息保护法》的要求，在获得个人客户的知情同意或个人客户委托行使个人信息可携带权的前提下，运营平台应当同样向企业 D 提供相应的数据。

根据上述的情形，我们可以看出在公共数据授权运营中，还应当注意以下问题。

1.从数据的范围看，企业 A 与国有企业 C 均能提供基于指定区域的风控服务，这些服务在本质上是同质的。这就引出了一个问题：二者获取和使用数据的法律基础是否一致？

2.在公共数据授权运营中，个人行使知情权、个人信息可携带权时，对应的义务主体如何确定？

3.在公共数据授权运营中，场景备案的方式是否会面临市场公平竞争的挑战？

二、原理阐释

从引导案例中可以发现，实践中对于公共数据资源的开发利用正在更广泛的场景下以其他方式进行积极探索，并且很多方式早于当前公共数据授权运营制度。这些实践探索，在数据应用的场景案例、平台搭建的技术基础、授权运营模式等方面为构建公共数据授权运营制度提供了宝贵经验和研究案例。因此，对于公共数据资源开发利用的制度建设，应当从更宽泛的时间维度和空间维度入手，才能从更全面的视角进一步认识公共数据资源开发利用的形态，寻找制度构建的更优解。从数据处理的目的出发，公共数据授权运营有别于公共数据资源的内部共享和以完全履行政府机构等法定职责和法定义务为目的的数据开发利用。公共数据授权运营是以第三方主体获得数据汇聚或管理部门（以下简称数据持有部门）的同意或授权，对数据持有部门合法持有的数据进行以第三方主体自身目的的开发利用，并以此获取经济收益的运营，其可以分为狭义的公共数据授权运营和广义的公共数据授权运营。

（一）狭义的公共数据授权运营

狭义的公共数据授权运营，即通过立法的形式明确建立公共数据授权运营制度，并通过另行制定具体的管理办法或实施细则的方式进行落地。目前，国家层面没有出台相关法律或行政法规，而是交由地方政府以地方立法或者制定地方规范性文件的形式进行探索。上海市于 2022 年 1 月 1 日实施的《上海市数据条例》中明确提出建立公共数据授权运营机制，该条例也是国内首个确定公共数据授权运营制度的立法文件。这种制度设计，在《网络安全法》《数据安全法》《个人信息保护法》的背景下，为公共数据资源的开发开辟了一条新路，并被全国多个地市认可和借鉴。自《上海市数据条例》发布之后，据不完全统计，截至 2024 年 3 月，多地在本地数据立法中明确提出建立公共数据授权运营制度（见表 6-1），并逐步推动具体授权运营办法落地（见表 6-2）。

表 6-1　建立公共数据授权运营制度的地方数据立法

实施日期	制度名称	条款
2022-01-01	《上海市数据条例》	**第四十四条**　本市建立公共数据授权运营机制，提高公共数据社会化开发利用水平 市政府办公厅应当组织制定公共数据授权运营管理办法，明确授权主体，授权条件、程序、数据范围，运营平台的服务和使用机制，运营行为规范，以及运营评价和退出情形等内容。市大数据中心应当根据公共数据授权运营管理办法对被授权运营主体实施日常监督管理

（续表）

实施日期	制度名称	条款
2022-03-01	《浙江省公共数据条例》	**第三条第（二）款** 根据本省应用需求，税务、海关、金融监督管理等国家有关部门派驻浙江管理机构提供的数据，属于本条例所称公共数据 **第三十五条** 县级以上人民政府可以授权符合规定安全条件的法人或者非法人组织运营公共数据，并与授权运营单位签订授权运营协议。禁止开放的公共数据不得授权运营 授权运营单位应当依托公共数据平台对授权运营的公共数据进行加工；对加工形成的数据产品和服务，可以向用户提供并获取合理收益。授权运营单位不得向第三方提供授权运营的原始公共数据 授权运营协议应当明确授权运营范围、运营期限、合理收益的测算方法、数据安全要求、期限届满后资产处置等内容 省公共数据主管部门应当会同省网信、公安、国家安全、财政等部门制定公共数据授权运营具体办法，明确授权方式、授权运营单位的安全条件和运营行为规范等内容，报省人民政府批准后实施
2022-06-01	《广州市数字经济促进条例》	**第六十六条第（二）款** 市人民政府及政务服务数据管理、统计等部门应当探索数据资产管理制度，建立数据资产评估、登记、保护、争议裁决和统计等制度，推动数据资产凭证生成、存储、归集、流转和应用的全流程管理 **第六十六条第（三）款** 市人民政府及政务服务数据管理等部门应当探索公共数据授权运营机制，支持在可信认证、敏感数据安全应用等场景中，利用区块链、多方安全计算等新技术，推动公共数据有序流通 **第八十八条第（五）项** 公共数据，是指公共管理和服务机构在依法履行职责和提供公共服务过程中获取或制作的数据资源，以及法律、法规规定纳入公共数据管理的其他数据资源

（续表）

实施日期	制度名称	条款
2022-07-01	《重庆市数据条例》	**第三十一条** 本市建立公共数据授权运营机制 授权运营单位不得向第三方提供授权运营的公共数据，但是可以对授权运营的公共数据进行加工形成数据产品和服务，并依法获取收益 公共数据授权运营具体办法由市人民政府另行制定
2022-08-01	《辽宁省大数据发展条例》	**第二十条** 省大数据主管部门应当建立公共数据授权运营机制，提高公共数据社会化开发利用水平和数据利用价值
2023-01-01	《北京市数字经济促进条例》	**第十九条第（一）款** 本市设立金融、医疗、交通、空间等领域的公共数据专区，推动公共数据有条件开放和社会化应用。市人民政府可以开展公共数据专区授权运营
2023-01-01	《四川省数据条例》	**第二十二条** 省数据管理机构应当会同相关部门按照国家要求，深化数据要素市场化配置改革，培育公平、开放、有序、诚信的数据要素市场，推进公共数据共享、开放、授权运营，规范数据交易，促进数据要素依法有序流通 **第三十二条** 县级以上地方各级人民政府可以在保障国家秘密、国家安全、社会公共利益、商业秘密、个人隐私和数据安全的前提下，授权符合规定安全条件的法人或者非法人组织开发利用政务部门掌握的公共数据，并与授权运营单位签订授权运营协议
2023-01-01	《四川省数据条例》	省数据管理机构应当会同相关部门建立公共数据授权运营机制，制定公共数据授权运营管理办法，报省人民政府批准后实施。数据管理机构应当根据公共数据授权运营管理办法对授权运营单位实施日常监督管理

（续表）

实施日期	制度名称	条款
2023–01–01	《广西壮族自治区大数据发展条例》	第四十七条　自治区人民政府制定公共数据授权运营管理办法，明确授权运营的条件、程序等内容 　县级以上人民政府应当授权符合运营条件的法人和非法人组织运营公共数据，并与其依法签订授权运营协议，明确授权运营范围、运营期限、收益测算方法、数据安全要求、期限届满后资产处置等内容 　县级以上人民政府大数据主管部门应当根据公共数据授权运营管理办法对授权运营主体实施监督管理
2023–03–01	《苏州市数据条例》	第十五条　本市建立公共数据授权运营机制 　市人民政府应当制定公共数据授权运营管理办法，明确授权主体、条件、程序和数据范围、安全要求等。市大数据主管部门应当对被授权运营主体实施日常监督管理 　被授权运营主体应当在授权范围内，依托公共数据平台提供的安全可信环境，实施数据开发利用，并提供数据产品和服务
2023–03–01	《厦门经济特区数据条例》	第三十一条　建立公共数据授权运营机制，确定相应的主体，管理被授权的允许社会化增值开发利用的公共数据，具体办法由市人民政府制定 　市大数据主管部门应当会同相关部门，对被授权运营主体实施全流程监督管理 　授权运营的数据涉及个人隐私、个人信息、商业秘密、国家秘密等，处理该数据应当符合相关法律、行政法规的规定
2023–07–01	《无锡市数字化转型促进条例》	第四十二条　市人民政府应当按照国家和省有关规定，探索建立公共数据授权运营机制，提高公共数据社会化开发利用水平 　依法获取并使用公共数据形成的数据产品和数据服务等权益受法律保护

（续表）

实施日期	制度名称	条款
2024–01–01	《吉林省大数据条例》	第三十六条　在保障国家秘密、国家安全、社会公共利益、个人隐私、商业秘密和数据安全的前提下，省人民政府可以探索建立公共数据授权运营机制，明确授权条件、授权范围、运营模式、运营期限、收益分配办法和安全管理责任，授权符合规定条件的法人或者其他组织运营公共数据
2024–03–01	《江西省数据应用条例》	第二十条　探索建立公共数据授权运营机制，统筹公共数据的授权使用和管理，依法推动用于公共治理和公益事业的公共数据有条件无偿使用，用于产业发展、行业发展的公共数据有条件有偿使用 公共数据授权运营具体办法由省人民政府制定

表 6-2　公共数据授权运营制度示例

实施日期	制度名称
2023–06–01	《青岛市公共数据运营试点管理暂行办法》
2023–09–01	《浙江省公共数据授权运营管理办法（试行）》
2023–10–05	《杭州市公共数据授权运营实施方案（试行）》
2023–10–21	《温州市公共数据授权运营管理实施细则（试行）》
2023–11–01	《苏州市公共数据开放实施细则》
2023–12–01	《济南市公共数据授权运营办法》
2023–12–25	《北京市公共数据专区授权运营管理办法（试行）》
2023–12–28	《厦门市公共数据开发利用管理暂行办法》

　　从总体上看，公共数据授权运营制度在各地的发展情况呈现两方面特征：一方面，受现有国家政策的引导和已有案例的影响呈现出整体上的趋同

性；另一方面，各地也立足于本地区实际情况进行了差异化设计。这些特征
也进一步形成了公共数据授权运营合规原理区别于数据合规原理（本书前述
已讨论）的关注重点，主要包括数据供给方式、运营授权方式和运营管理方
式三方面。

1. 数据供给方式

公共数据授权运营制度的核心价值在于发掘公共数据资源的价值，平
衡强监管带来的数据获取成本的增加、数据供给量的减少与数字经济高速发
展对数据资源的巨大需求的冲突，从而增加数字经济发展所需的数据资源供
给。因此，公共数据授权运营所对应的客体（公共数据）的质量、数量、开
发利用方式直接影响其制度价值。目前，公共数据供给的方式主要体现在两
个层面：

一是数据主管部门层面。基于授权运营操作需求的实现、数据开放和开
发的安全性要求，在各地公共数据授权运营中，数据供给主要通过集中化的
基础设施来实现。第一种形式是"政府一体化大数据平台（数据来源）+ 公
共数据授权运营平台"，即授权运营所需的数据由大数据主管部门根据场景
方案和数据目录提供。公共数据开放平台或政府一体化平台的数据由数据生
产部门（相应领域主管部门或公共服务机构）根据数据开放和场景方案提
供。公共数据授权运营平台所需的安全、可信、可监管环境，既可以由大数
据部门提供，如济南[①]所推行的，也可以由运营单位自建，如青岛[②]所推行
的。第二种形式是"政府一体化平台 / 公共数据开放平台 + 平台内公共数据

---

① 《济南市公共数据授权运营办法》第 11 条。
② 《青岛市公共数据运营试点管理暂行办法》第 7 条。

授权运营专区专域"，即在政府公共数据开放平台中设置专门的安全域或专区为授权运营提供所需的生产和运营环境，北京[①]、苏州[②]、温州[③]、杭州[④]等采用这种形式。上述两种形式从平台结构上明确了公共数据授权运营数据来自数据主管部门管理的公共数据平台或一体化平台，也进一步明确了主管部门的管理权限和职责。

二是数据提供部门层面。经过穿透，数据主管部门管理的公共数据平台或一体化平台的数据来自相对应的政府部门或公共服务机构，由后者根据共享开放目录和授权运营场景、方案的需求提供相应数据。

上述公共数据供给方式从数据来源的角度较为清晰地界定了公共数据授权运营的数据来源及其与原始数据的关系。然而，目前这种公共数据供给方式还存在两方面不足：其一，在管理方面，数据主管部门与数据来源部门或行业主管部门的管理边界和权责利平衡状况将对数据供给的稳定性产生影响。对于运营主体而言，数据主管部门既是管理部门，也是数据的直接提供部门，而数据来源的政府部门或公共服务机构通常也是数据的间接提供部门，部分地方在管理中明确了"数据谁提供谁负责"并要求行业主管部门与数据主管部门共同监管，因此，如果数据提供部门在授权运营的链条上出现权责失衡，将易出现"提供的数据没价值"或"提供有价值数据没动力"的情况，授权运营所需的"可稳定供给的高价值、高质量"数据需求将难以满

---

① 《北京市数字经济促进条例》第十九条，《北京市公共数据专区授权运营管理办法》第 5 条、第 6 条。
② 《苏州市数据条例》第 15 条。
③ 《温州市公共数据授权运营管理实施细则（试行）》第 4 条。
④ 《杭州市公共数据授权运营实施方案（试行）》第 3 条第 3 款。

足。其二，在技术层面，从整体上看，由于数据来自不同部门、不同系统、不同平台，随着原始数据产生的业务或业务系统、管理部门的变化，也将对数据供给的稳定性产生影响。

2. 运营授权方式

运营授权的方式主要包含授权主体、被授权主体、授权方式三个方面。

（1）授权主体

授权主体的确定较为多样化，主要以授权主体对应的行政区划为基础，既有以层级为标准划分的，如北京将省级政府作为唯一授权主体[①]，浙江将授权主体设置在县级以上政府[②]，也有从数据供给角度考量的，如济南以职能部门或数据提供部门作为授权主体[③]，还有通过政府委托大数据主管部门或其他职能部门进行授权的。需要注意的是，当授权主体与数据提供主体分离时，相对于其他数据提供部门或监管部门，授权主体的作用主要体现在统筹工作和组织协调方面。在授权主体是一级政府时，具体的落实部门非本级政府，在授权主体是大数据主管部门时，其面对的主要是平行的其他职能部门，因此对于授权的实效性及授权主体的可执行权限可能会形成一种挑战，从而影响授权运营的效果。目前授权运营协议对于授权主体对应的责任和义务的约定较为笼统，也侧面反映了在执行方面的情况。

（2）被授权主体

对于被授权主体而言，目前较少有明确的可量化的要求，主要是从安全能力、技术能力以及运营能力并结合具体场景（由申请方提供场景申报方案

---

① 《北京市数字经济促进条例》第 19 条。
② 《浙江省公共数据授权运营管理办法（试行）》第 1 条第 3 款。
③ 《济南市公共数据授权运营办法》第 7 条。

或授权运营方案）来确定是否符合授权运营主体的要求。

（3）授权方式

一般通过签订授权运营协议的方式来实现。通过协议明确双方的权利义务、授权运营范围、运营期限、安全要求、收益分配、退出机制、违约责任等事项。被授权方作为申请方根据授权方的规则，在授权范围内（如专区授权、场景授权）提交授权申请及相应授权运营的场景或方案。授权方根据内部流程判定申请方是否符合其在本地区授权运营的规划和相关要求，并与符合条件的申请方签订授权运营协议。

目前各地开展的授权实践，在以行政区域划分为基础逻辑的授权方式下，根据不同的视角有不同的授权逻辑，主要包括基于数据和基于经营权这两类授权逻辑。基于数据的授权逻辑包括以具体数据产品、数据应用场景为逻辑的场景授权和以数据领域为逻辑的专区授权、分领域授权或综合授权。前者主要从数据的用途出发，后者主要从数据的分类出发。基于经营权的授权逻辑包括统一授权、分级授权，一级授权、二级授权等方式，主要通过从主体的分级分层来实现经营权的区分，从而实现在数据层面权利的区分。

需要指出的是，无论是数据层面还是经营权层面，需要在制度构建中关注两类问题：一是数据授权运营方与数据使用方的混同。在某些场景下，获得运营授权的主体实质为数据的使用方，授权运营的场景成为有条件使用数据的"条件"，这种混同偏离了"运营"的内涵，也偏离了"授权运营"的设计初衷，且在被授权主体数量有限制的情形下，运营授权变相起到了被授权主体排他使用公共数据的作用。如引导案例情形二、情形三中，企业 B、企业 D 实质都是基于向个人提供服务而对公共数据的使用产生需求，如果场景授权成为限制其他需求方使用数据的条件，并形成企业 B 的竞争优势，则这种授权既无法体现出公共数据授权运营制度的必要性和正当性，也未体现出对公共数据的"运营"本身。二是被授权主体与运营主体的分离。在以经营权为基础的授权逻辑下，被授权主体呈金字塔结构，由高阶层的被授权主体向下授权。这种授权常出现被授权主体与运营主体分离的情形，尤其是第一级被授权主体与运营主体的分离。这种分离直接触发被授权主体获取和处理公共数据的问题，如某地成立数据集团作为一级授权主体，一级主体获得整体授权或综合授权，但是本身并不参与运营工作，具体运营工作由相关二级主体负责。笔者认为，构建公共数据授权运营制度在数据层面需要通过可信主体处理公共数据，以实现数据价值的释放和向不同主体转移的目的，对于被授权主体而言，数据处理、数据运营的能力应当是获得授权的重要基础，如果获取授权与处理数据分离，也可能减损授权运营制度的价值，并且对授权的转授权的法律性质形成挑战。

3. 运营管理方式

基于数据来源的多元化、公共数据授权运营的复杂性，各地通常成立专项工作组，作为统筹协调机制和联合监管机制。工作组下设专家组，主要由外部专家构成，对重点问题、专业技术问题等事项进行研判和评审，以推动制度发展和实操落地。工作组和专家组大多是非常设机构。

在运营过程中，通过建立数据需求申请制度、场景备案制度，可以对所需的公共数据和开发利用数据提供数据产品和数据服务的过程进行管理，将场景、授权、数据三者强关联，强调"原始数据不出域，数据可用不可见"，推动数据产品和数据服务向模型、报告等方向发展，减少数据产品和服务中原始数据的输出和个人信息的关联性。

（二）广义的公共数据授权运营

在实践中，还存在大量基于公共数据资源开发利用的探索，这种探索是政府信息化、数字化建设同社会数字化、产业数字化发展的结合，是数字经济发展的必然产物。第一，政府部门在长期的信息化、数字化建设过程中，建设了大量的系统和平台，汇聚了大量的数据，客观上形成了可进一步开发的数据资源；第二，在政府信息化、数字化项目中，大量参与政府项目的供应商、服务商不断运用和开发新技术，以满足政府项目建设和数据应用的需求，同时对于政府汇聚数据的可开发范围、开发技术、用途也有了深入的了解，为进一步与市场对接提供可能；第三，随着互联网时代的发展和产业数字化转型的到来，对政府部门所持有数据资源的需求也更加强烈，数据资源具有的社会价值和市场价值被进一步发现；第四，政府部门通过持有的数据资源不但可以提升公共服务的能力，还可以依托数据和平台的赋能来管理领域内的行业发展，强化了对于数据资源与市场结合的意愿。在前述基础上，结合政府和市场的双重因素，根据政府部门持有的数据资源，探索出了不同的开发场景和模式，并逐步形成了与目前公共数据授权运营类似的特征，笔者将这类场景统称为广义的公共数据授权运营。

在公共数据授权运营制度建立之前，对于公共数据资源的开发利用，政府部门一直处于主导地位，并围绕提升管理领域内公共服务能力、行业发展及数据的产业化开发等方向，依托管理的相关系统平台（基础设施），通过签订授权协议或合作协议的形式授权第三方主体展开。笔者以金融、医疗相关场景为例进一步说明。

1. 金融领域公共数据资源的授权运营

中国银行保险信息技术管理有限公司（以下简称中国银保信）对于监管部门的数据，进行了诸多开发利用。

中国银保信作为国家金融监督管理总局直接管理的技术服务方、系统平台运营方，负责建设和运行重要金融监管系统，并基于系统平台汇聚的数据开发出新的业务或服务，以实现服务于监管机构及行业内金融机构的目的。例如，中国银保信在保险领域运营和管理的平台包括车险信息平台、全国农业保险信息管理平台、中国保险业保单登记管理信息平台、商业健康保险信息平台、消费者服务平台、城乡居民大病保险信息平台等，这些平台的数据主要由金融机构等主体基于监管要求报送，包括业务数据、企业数据和个人数据。中国银保信在主管部门的支持下，致力于促进行业信息共享、风险管控，并提升对金融消费者的服务水平，积极开展依托数据的相关增值业务或服务。2023 年 6 月，为进一步发挥商业健康保险的保障功能，推进基本医保与商业健康保险信息共享，国家医疗保障局（以下简称医保局）起草了《国家金融监督管理总局与国家医疗保障局关于推进商业健康保险信息平台与国家医疗保障信息平台信息共享的协议（征求意见稿）》。根据该征求意见稿，中国银保信作为技术执行机构，负责商业健康保险信息平台的运行管理，并可根据保险公司、银行等金融机构、各级医保部门和相关行业组织在具体应用场景下的信息查询和使用需求，依托商业健康保险信息平台和国家医疗保障信息平台，通过总对总对接，以适当方式进行信息共享。

2. 医疗领域公共数据资源的授权运营

健康医疗大数据是国家重要的基础性战略资源。[①]深化和发展健康医疗大数据应用,既有利于深化医卫体制改革,提升健康医疗服务效率和质量,也有利于培育新业态,探索新的经济增长点。健康医疗大数据因其高价值、高敏感等特点,开发利用难度极高、价值极大。在实践中,围绕政府部门及医疗机构所汇聚的健康医疗大数据展开的有益的探索和尝试,为公共数据授权运营制度的建设贡献了实践经验和场景案例。

(1)福州健康医疗大数据中心授权运营

2016 年 10 月,原国家卫生计生委启动第一批健康医疗大数据中心与产业园建设国家试点工程。福州市作为健康医疗大数据中心与产业园建设国家试点工程第一批试点城市,于 2017 年 10 月印发《福州市健康医疗大数据资源管理实施细则》《福州市健康医疗大数据开放开发实施细则》。2018 年 11 月,福州市人民政府正式授权中电(福建)健康医疗大数据运营服务有限公司运营福州市健康医疗大数据平台,并根据《福州市健康医疗大数据资源目录》,对分散在各级各类医疗卫生机构和其他健康相关领域的健康医疗数据资源进行整合,形成可统一管理和服务的数据资源。根据目前公开披露的信息,授权运营主要集中在为卫生主管部门及医疗机构提供数据服务、平台服务,用于支撑"惠民、惠医、惠政"方面的工作,如在福州市中医院上线使用的福州市区域互联网医院服务平台、在福州市第二医院试点应用的 5G + 大数据院前急救协同平台、在福州上线使用的福州市影像辅助诊断平台、在福州市第一医院落地应用的福州市病案首页质量控制平台、福州市公共科研

---

① 《国务院办公厅关于促进和规范健康医疗大数据应用发展的指导意见》。

服务平台、福州市管控式医疗服务平台等。

福州健康医疗大数据中心的授权运营模式是国内最早基于政府及医疗机构持有的健康医疗数据资源进行制度化授权运营开发的案例，针对健康医疗数据的特殊性，通过出台专项配套制度，将国家层面、部委层面的政策与产业发展需求相结合并进行落地，对后续多地开展的健康医疗大数据资源授权运营及该领域制度建设具有积极的示范作用。

（2）国家健康医疗大数据中心（北方）授权运营

国家健康医疗大数据中心（北方）（以下简称北方中心）是山东省承接的国家第二批健康医疗大数据中心的试点项目，是通过国家卫健委试点评估，并由部委、省、市共建签约的国家级健康医疗大数据中心。北方中心设置山东健康医疗大数据管理中心（以下简称数管中心）作为专职管理机构，并授权北方健康医疗大数据科技有限公司（以下简称北方健康）作为运营企业。根据《山东省健康医疗大数据管理办法》和数管中心职责要求，主要依托数管中心，汇聚来自政府举办的医疗卫生机构和国有健康服务企业提供服务时产生的健康医疗相关数据，由北方中心以省平台（省全民健康信息平台）为主渠道逐步建立数据资源融汇体系，并开展各项数据业务和服务。

目前公开的信息显示，北方健康依托健康医疗大数据平台在数据服务板块开展的业务包括：面向生物医药领域的数据洞察与咨询服务、真实世界研究服务、智慧营销服务，面向商业保险领域的核保核赔服务、健康保险产品开发服务、智慧营销服务，面向医疗机构的数据临床评价服务、决策分析支持服务，面向监管机构的宏观决策支持服务，以及基于平台数据开展的人工智能（AI）训练服务。

（3）成都健康医疗大数据平台授权运营

2019 年 7 月开始，由中电数据服务有限公司、成都数据集团股份有限公司和成都医疗健康投资集团有限公司共同出资成立的中电四川数据服务有限公司（以下简称中电四川）建设运营成都市健康医疗大数据平台，数据来源包括成都市全民健康信息平台已有数据及签约入驻医疗机构数据。2022 年 10 月 9 日，成都市卫健委和成都市地方金融监督管理局印发《成都市智能商业保险数据服务平台试点方案》，决定基于成都市健康医疗大数据平台开展智能商业保险数据服务平台试点，探索解决目前医疗机构对接商业保险机构手续烦琐和商业保险患者理赔难、报销慢、手续烦的问题。依据该方案，中电四川通过与四川省保险行业协会实现平台联通，打通医疗机构、保险机构之间信息孤岛，并开展了商业保险快速理赔数据服务。

（4）医保、卫健部门和医疗机构基于保险核保核赔场景便民服务的授权

随着我国保险业个人险种业务的蓬勃发展，针对投保人 / 理赔申请人健康状况的保单核保核赔业务需求也飞速增长，通过线下调查的方式进行核保核赔的成本也越来越高。随着医疗机构和医保、卫健主管部门信息化建设的发展，客观上通过线上的方式也可以实现大部分线下核保核赔的需求，因此传统的保险核保核赔场景逐渐由线下走到线上。一方面，基于《医疗机构病历管理规定（2013 年版）》[1]和《电子病历应用管理规范（试行）》[2]，在复制患者病历的法律基础未有变化的情况下，医疗机构提供患者病历或电子病历复制的服务逐步通过线上化和系统化对接的方式完成；另一方面，根据《个

---

[1]　《医疗机构病历管理规定 (2013 年版)》第 17 条、第 20 条。
[2]　《电子病历应用管理规范（试行）》第 21 条。

人信息保护法》的规定，持有个人病历信息的合法主体可向个人及其指定的第三方提供个人病历信息。在此基础上，为部分医疗机构或医保、卫健主管部门提供信息化服务或建设系统的技术服务方，在主管部门依职权或医疗机构在医疗服务过程中汇聚的健康医疗数据范围内，经主管部门或医疗机构同意，并在个人委托授权／知情同意的前提下，为保险公司提供电子病历或个人病历信息的调取服务，同时收取一定的技术服务费用。

实践中，上述模式在较大范围内出现，这从保险公司的公开招标采购中可以得到一定的印证。在某些公开招标公告中，保险公司明确要求供应商提供相关主管机关、医疗机构的授权文件，或直接要求投标方提供指定区域或数据范围内医保、卫健主管部门或医疗机构的授权证明，如"投标人持有与医疗信息提供区域的政府、医保或卫健委签订的医疗数据合作协议及数据使用授权"，这也从侧面证明许多市场主体获得了相应的"授权"文件，且在目前市场环境下，该种文件是保险公司认可的可提供相应数据服务或技术服务的重要合规性文件。

围绕上述场景可以发现，承担具体运营的主体对于数据开发利用的方式是多元的，其基于不同的数据基础和不同的目的开发出相应的数据产品、数据服务，并建立了不同的业务模式。从整体上看，具有以下主要特征：第一，数据来源：政府（监管）部门在履行公共管理职能或提供公共服务的过程中汇聚而来。第二，运营主体：公共数据提供或数据监管主体之外的第三方主体。第三，数据开发利用：（1）运营主体通过对汇聚数据的加工治理向其他市场主体提供数据产品、数据服务并获取一定的经济收益；（2）授权主体将授权第三方开发数据产品、数据服务作为本部门延伸法定职能或赋能经济服务产业的一种方式。

除了上述金融和医疗领域，在公路交通、教育、航空等领域，也有大量类似的授权运营场景，[①]其形成和发展既有历史发展的印记，也是数据价值被市场认知和发掘的必然现象，都是公共数据授权运营制度构建过程中的重要经验。因此，回到引导案例中的国有企业 C。实践中，国家部委和地方委办局层面均出现相应国有企业通过依托主管机构的平台数据可以提供一定范围的数据服务或技术服务的场景，客观上也是对公共数据资源开发利用的一种探索，是一种广义层面的公共数据授权运营。

三、合规要点指引

目前，（狭义的）公共数据授权运营制度仍在建设和发展过程中，各地数据条例及相关公共数据授权运营管理办法对法律责任及主体义务作了更为明确的规定。然而，通过前述引导案例和场景示例可以看出，我们应当从更广阔的视角看待公共数据资源开发利用的不同模式，明确制度设计的价值导向和定位，检视不同主体的合规要求，使公共数据授权运营制度可以与现有的其他制度更好地衔接，各相关参与主体在开发公共数据资源时有更为统一的规范准则，推动公共数据资源的全面、有效、合规的开发。

下面从授权主体、运营主体两个视角出发，分析应当重点关注的合规问题。

---

① 李可顺．金融数据风控：数据合规与应用逻辑［M］．北京：机械工业出版社，2023．

（一）授权主体的合规关注点

1. 数据供给的合规性

要保障数据向运营主体供给时的合规性，需要区分授权主体在各种不同情形下提供数据的法律定位和制度适用。例如：区分哪些场景需要借助公共数据授权运营制度，哪些场景属于公共数据有条件开放；区分基于公共数据开放服务提供的数据与基于授权运营提供的数据；区分公共数据开放的行为与授权运营行为。

（1）区分公共数据开放和公共数据授权运营

通过区分公共数据开放和公共数据授权运营，从而厘清提供数据的相关政府机构在不同制度下的定位。公共数据开放更强调数据的开放，往往通过网站或 API 接口的形式提供数据，以便更多的不特定主体开发其数据价值，因此，对于所开放数据的安全性、无害化要求非常高，从而导致通过开放路径向社会提供的数据价值受限。公共数据授权运营更注重对于数据价值的挖掘，通过数据产品和数据服务的输出满足需求方在相应场景下对数据背后价值的传递，而非原始数据的输出。从目前地方授权运营的平台结构和"可用不可见""原始数据不出域"等要求以及场景备案的落地路径可见，公共数据授权运营也反映出与公共数据开放不一样的价值导向。因此，在公共数据授权运营制度下，不应当将被授权运营主体视为代替政府机构履行政府公共数据开放职能的受托方。总而言之，应当在充分考虑所提供数据的形式和内容后，将应当走公共数据开放路径的，通过公共数据开放提供相应数据或数据集；对于通过加工治理改变了数据原有的形态，以提供数据产品或数据服务为目的且不涉及禁止性规定的，可适用公共数据授权运营的路径。

（2）区分有条件开放和授权运营的边界

将公共数据授权运营作为公共数据开放的下级概念，会导致公共数据授权运营与公共数据"有条件开放"的不协调。对于公共数据的开发和利用以内部共享（主要以公共数据来源主体之间）和外部开放（面向社会不特定主体）两种形式为主，其中公共数据的开放按照开放类型分为无条件开放、有条件开放和不予开放三类。从需求方的角度，无条件开放的数据不需要通过授权运营的方式获取；有条件开放的数据的开放条件应当是针对符合条件的所有相关主体，对于该部分数据的开放，也不应当通过授权运营制度去做特定的限制和规制；对于不予开放的数据，不同地区存在不同的处理方式，如浙江明确提出不得授权运营，而上海和江苏则提出，根据相应规则需要经特定处理（脱敏、脱密）或经相关权利人同意后，以列入无条件开放或有条件开放的形式进行开放。从公共数据授权运营的实际场景需求而言，具备巨大产业价值或者社会价值的数据主要集中于不予开放的数据资源，如健康医疗领域、金融领域。产业端对于数据承载价值的需求高于获取数据的需求。如果以脱敏、脱密处理或经相关权利人同意的方式将不可开放转为有条件开放作为授权运营的前提，一方面可能导致数据价值的减损，同时数据的行业治理、场景治理的价值也得不到体现；另一方面可能会对授权运营和场景备案的必要性和合规性带来挑战。

以引导案例中企业 B 为例，其在个人客户明确同意的前提下可以使用运营平台的相关个人信息。在企业 B 的场景中，场景备案、运营授权和客户知情同意是获取和使用个人信息的前提，但是根据有条件开放的逻辑，在获得权利人的明确同意后，其也可以通过"有条件开放"的形式获得和处理相关权利人的个人信息，因此，这可能会导致场景备案和运营授权与"有条件开放"出现逻辑上的不协调，其至当这种场景备案和运营授权存在主体数量限制时，客观上涉嫌变相设立"准入"门槛，使运营主体和授权的政府机构面临公平市场竞争和变相设立准入门槛的合规风险。因此，对于希望借公共数据授权运营推动地方招商引资的地方政府而言，应当合理设计授权运营的授权逻辑和授权方式，厘清授权运营的主体与数据服务 / 数据产品 / 数据的需求主体之间的关系，从制度和场景的层面论证授权的必要性，如须设置排他或其他门槛限制，应当通过科学和合规的论证以及合法程序来实现。

同理，企业 B 面临的公平竞争和个人信息知情权的问题，主要是有条件开放与授权运营的混同导致的。如果通过"有条件开放"的逻辑，客户甲可以向公共数据开放主体主张知情权，企业 D 根据其客户的知情同意或委托授权，也可以向公共数据开放主体行使相应权利。因此，应当从区分有条件开放和授权运营的边界出发，规避该类由数据处理问题导致的公平竞争问题。

（3）授权运营场景符合制度价值取向

从目的上看，需要明确对于公共数据尤其是涉及个人信息处理目的的正当性问题，这是后续通过制度确立合法性的基础，即基于相关主体职能和场景，从提供公共服务或提升社会整体福利的角度设定公共数据授权运营制度的价值。以中国人民银行征信中心为例。为构建国家金融重要基础设施，建立征信体系，中国人民银行通过设立征信中心建设征信系统，收集所需的各类信息，用于向金融机构及其他相关主体提供征信服务，以降低信息不对称、提高风险防控能力，推动金融体系发展和建设，并以立法形式确定其合法性。同理，如上文所述，国家金融监督管理总局与国家医疗保障局从职能出发，为进一步发挥商业健康保险的保障功能，推进基本医保与商业健康保险信息共享，通过部委间共享协议的方式，确定中国银保信依托双方的共享信息，满足保险公司、银行等金融机构、各级医保部门和相关行业组织在具体应用场景下的信息查询和使用需求。其他如成都市卫健委和成都市地方金融监督管理局从职能出发，为探索解决医疗机构对接商业保险机构手续烦琐和商业保险患者理赔难、报销慢、手续烦的问题，印发《成都市智能商业保险数据服务平台试点方案》，并由中电四川基于该方案依托其运营的成都市健康医疗大数据平台开展商业保险快速理赔数据服务。在上述场景中，均涉及行业主管部门在监管职能基础上，基于行业发展、社会发展延伸相应的服务职能，客观上也构成了处理个人信息的正当性，并且由于提供的服务的公共性，相应的"授权运营"主体在数量上也可以进行限制，当然，对于其收费的方式和定价的合理性需要进一步完善。

2. 行业合规监管义务

对于公共数据授权运营的授权主体或管理方而言，由于数据在公共数据运营平台的汇聚、融合，不同领域、不同主体开发利用数据的方式及提供的产品、服务也不一致，尤其涉及跨领域、跨行业的数据融合开发利用，监管的难度和合规义务的识别都将大幅增加。

一方面，需要根据数据的行业属性覆盖相应监管能力。例如，在健康医疗数据的运营管理中，不仅要根据《网络安全法》《数据安全法》《个人信息保护法》的规定，严格落实个人信息保护的要求，还要根据卫生医疗领域的要求进行管理。对于统计报告类型的产品，须对统计结果进行合规审查，审查其是否涉及统方风险，[①]是否涉及应进行保密审查的统计级数据等情况；对

---

① 《关于加强医疗卫生机构统方管理的规定》第 5 条规定，不得以任何形式向医药营销人员、非行政管理部门或未经行政管理部门授权的行业组织提供医疗卫生人员个人或科室的药品、医用耗材用量信息，并不得为医药营销人员统计提供便利。

于提供的数据集，还须审查其是否涉及我国重要遗传家系、特定地区人类遗传资源以确定是否需要履行前置审批或审查程序。[①] 因此，在授权运营的管理过程中，对于垂直领域的数据开发利用，还需要行业主管部门监管能力的支持。

另一方面，还需要根据场景的行业属性覆盖相应的监管能力。以涉征信领域的相关场景为例。在交通、医疗、消费等领域产生的数据，往往可以用于其他领域的场景，因数据的敏感性特征及授权运营"可用不可见""原始数据不出域"的要求，授权运营方通常经个人知情同意后通过对个人信息进行处理，并以输出数据评分或数据报告的形式提供给相关金融机构或类金融机构，用于对相应主体的信用评价或信贷审查，该种服务可能涉及变相提供征信服务的情形，从而触发相应的合规义务；再如，根据某地场景，在个人授权的基础上就个人健康医疗信息进行处理，并形成相应数据评分或数据报告，提供给金融机构作为信贷审查用途，而根据《征信业管理条例》第 14 条的要求，对于个人的基因、指纹、血型、疾病和病史信息，即便持牌征信机构也禁止采集。因此，对于其他一般主体也应当禁止采集用于征信用途。

综上，授权主体还需要通过建立新的机制，从数据的行业属性、场景的行业属性、融合场景、融合数据等多个维度，将行业合规监管的要求覆盖到场景备案、运营管理及数据产品、服务的交易中，避免因授权运营构建的场景和数据利用方式规避原有的监管要求，避免授权运营本身变相突破现有监管要求或妨碍市场公平竞争。

---

① 《人类遗传资源管理条例》第 36 条。

（二）运营主体（被授权主体）的合规关注点

运营主体主要是以营利为目的的企业主体。运营主体如何确保运营权的行使和运营工作的开展符合预设目的，运营授权的合规性、稳定性以及有效性将产生直接的影响。因此，建议关注以下三方面情况。

1. 授权的内容

运营主体被授予的是什么权利。从形式上看，该权利主要分为两种类型：一种类型是以平台或专区的运营权为主要内容的授权，即基于运营权可以授予运营主体对指定平台或专区内数据进行加工治理的权利，并形成提供给外部用户的数据产品、数据服务，以此获得经济利益。以北京模式为例。北京模式采取的是针对公共数据专区的授权运营，由专区运营单位开展相应公共数据专区的建设和运营，对授权运营的数据进行开发利用，其他如中电成都、北方健康的授权也属于这种类型。另一种类型是直接授予运营主体对指定平台授权范围内的数据进行以提供数据产品和服务为目的的数据处理的权利，并可以通过提供的数据产品和服务获取经济利益的权利，上海[①]、浙江[②]主要采取这种形式。从实质上看，被授权主体获取的前述"授权"也存在一定行权限制，如对经营权的限制。基于数据治理产生的数据产品和服务需以场景备案或论证的方式为前置条件，比如对所授权的公共数据后续产生的新需求，还需通过向授权方或其协调的其他数据提供方申请为前提。在这种情形下，授权的实质更接近于一种资格，即"可以在指定区域处理指定范围数据，以此对外提供产品、服务并获得经济利益的资格"。结合授权主体

---

① 《上海市数据条例》第 45 条。
② 《浙江省公共数据授权运营管理办法（试行）》第 1 条第 3 款。

对被授权主体资质、数量的限制以及提出的运营权的行使应具有公共服务、提供公共产品、具有巨大社会价值和产业价值的目的性要求，再加上部分模式下授权运营平台或专区由被授权主体负责建设的情况，这种授权也具备一定的行政授权或特许经营特点。因此，对于被授权主体而言，不同的授权内容、授权模式可能在数据处理、经营方式、产品定价等方面产生不同的合规义务，应该结合具体情况行使"权利"及向授权相对方主张其履行授权对应的义务，推动授权相对方数据供给的有效性、及时性，场景备案和运营管理规则的公开、公正和及时性。

2. 与运营平台管理主体的合规义务界限

在公共数据授权运营平台由授权方建设和管理的情形中，授权对应的义务或者授权保障（如数据供给保障等）往往与授权主体相分离。因此，基于该平台产生的数据安全、网络安全、重要数据的合规义务等，需要与授权主体明确，以避免因合规义务界限不清而导致的投入成本规则不清晰、责任承担主体不清晰的问题，及模糊运营主体授权运营工作与平台管理主体为授权运营提供基础公共服务二者之间的界限。

在某些场景下，还需要厘清个人信息处理合规义务的主体，如在涉及个人信息知情权、可携带权等方面，由于运营主体面临"可用不可见""原始数据不出域"的要求，当个人主张其相应权利时，运营主体会面临客观上无法履行这些义务的局面，因此，也需要基于数据和场景的具体情形，与授权方、运营平台管理主体或数据提供部门明确相应合规义务的主体。

3. 数据产品、数据服务的合规性论证

鉴于目前并未明确场景备案的法律性质，也无法得出通过备案的场景即可以获得数据处理相关合规要求的某种程度豁免的结论。因此，运营主体不

但需要关注授权运营的数据范围，而且需要关注其经营范围。在授权运营所在地可以得到"试点政策"的支持不意味着其他地区的管理机构同样认可该"试点政策"。运营主体所提供的数据产品和数据服务应当以目前生效的法律法规为依据进行严格论证，地方探索性的安排在经营上要适度限制。在引导案例中，企业 B 因获得当地某场景下的公共数据运营权，不但显著降低了数据获取成本，而且政府"运营权"的"背书"使得其在当地的宣传推广中更具优势。但是，根据合规的分析和论证，在这种场景下，企业 B 不但面临个人主张个人信息知情权的要求，也会面临其他企业对场景合规性或授权运营公平性的挑战，存在因政府部门将该类场景定义为有条件开放而影响整体商业安排的风险。因此，应当客观分析和论证商业模式，避免合规导致的不确定性。

四、讨论与展望

目前，公共数据授权运营制度的发展仍存在着三方面的不协调性，即公共数据定义引起的确权逻辑的不协调性、与《个人信息保护法》等法律规定的不协调性以及与既成的公共数据资源开发利用实践的不协调性。弥合这些不协调性是公共数据授权运营有效发挥制度价值的前提，也是制度构建必要性和独立性的重要体现。

第一，公共数据定义引起的确权逻辑的不协调性。目前公共数据的定义逻辑主要从主体和行为两方面判定。从主体上，以"政府部门（国家机关）、具有管理公共事务职能的组织及提供公共服务的组织"为公共数据来源的主体依据。从行为上，以"履行公共管理和服务职责、提供公共服务过程中"收集产生的数据为公共数据来源的行为依据；在有的场景下也包括以"社会公共利益"为附加条件的情形。公共数据共享开放与公共数据授权运营（或数据要素流通）在制度功能、制度规范和制度使用上存在明显差异，单纯通过公共数据定义的方式以及通过分类开放的方式都无法有效解决。[①] 在该种定义逻辑下，公共数据既包括政务数据，也包括企业数据和个人数据，授权方如以此为公共数据授权运营数据范围的合法基础，客观上将形成对公共数据进行确权或变相确权的逻辑，也将直接影响企业和个人数据权利的行使。即使采取数据资源持有权的方式，也无法厘清持有相同数据的主体的权利范围和边界，如金融监管部门持有的金融机构报送的数据、卫生医疗主管部门、医保部门持有的来自医疗机构报送的数据等，相同数据由不同的主体通过合法途径持有，可能导致在授权运营层面的无序竞争或重复建设。

第二，与《个人信息保护法》等法律规定的不协调性。公共数据范围内个人数据的开发利用存在着对《个人信息保护法》个人信息保护要求的偏离。《个人信息保护法》对于处理个人信息有严格的限制。结合公共数据的定义，政府部门（国家机关）、具有管理公共事务职能的组织及提供公共服务的组织为履行法定职责或法定义务或有其他法律法规另行规定和紧急情况下，处理个人信息无须取得个人同意，但依然应当依照法律、行政法规规定的权限、程序进行，不得超出履行法定职责的范围和限度，且应当履行告知义务。从《个人信息保护法》的角度看，公共数据中个人信息收集和处理的目的是履行法定职责、法定义务，而公共数据授权运营中对个人信息的处理

---

① 王锡锌，王融：《公共数据概念的扩张及其检讨》，载自华东政法大学学报，2023（4）。

目的则与数据提供主体收集、汇聚数据时的目的发生偏离。这种偏离在实践中构成两方面障碍：一是以数据资源开发利用为目的进行公共数据汇聚，常面临相关持有主体拒绝提供全量数据的情况，主要原因是涉及企业数据、个人数据的问题缺少相应的合法性基础。二是由于涉及个人信息，如果以授权运营为目的处理已经汇聚的数据，则无论是授权方还是被授权运营方都缺乏合法性基础。如果按《个人信息保护法》的要求，在收集和处理个人信息前向相关个人征求同意，则客观上无法实现或实现的成本显著过高。在收集和处理前脱离具体场景径直匿名化，则可能大大减损数据资源的可发掘价值，从而无法满足运营需求或产业需求，减损授权运营的制度价值。

第三，与既成的公共数据资源开发利用实践的不协调性。对于"政府部门（国家机关）、具有管理公共事务职能的组织及提供公共服务的组织"持有的数据资源进行开发利用早已存在并且具有相当的规模，也为公共数据授权运营制度的构建提供了场景案例、技术基础设施以及市场需求、产业价值等方面的重要参考。然而，从供给的角度看，以公共数据授权运营为基础的供给方式，如果在向社会提供数据产品、数据服务方面达到的效果与既成的实践场景一致，将会导致同质化竞争或者基础设施的重复建设；如果数据供给链条质量（如禁止开放的公共数据不得授权运营[①]）导致提供的数据产品、数据服务的质量、效率不如既成的实践场景，则将会导致授权运营制度价值的减损。并且，既成的实践场景用于公共数据授权运营的场景在数据范围、行业监管等问题上存在重合部分，可能进一步导致数据供给和管理的不协调，最终减损公共数据资源开发利用对于社会的整体价值。

---

① 《浙江省公共数据条例》第35条。

笔者认为，目前的公共数据授权运营制度无法有效解决上述问题，只有弥合上述不协调性才能真正发挥公共数据授权运营制度的价值，体现制度的必要性，实现制度的独立性，才能推动公共数据授权运营对应的可开发的数据资源范围和形态在法律状态上的稳定性，实现数据供给的稳定性、授权运营的有效性以及市场主体的可期待性，作为公共数据资源合规且有价值开发的核心起点。

笔者建议从以下六方面推进公共数据授权运营制度的发展。

第一，明确制度价值导向。明确公共数据授权运营制度的价值导向和基本原则，以此作为制度构建、规则制定和效果评价的依据，避免出现不同价值导向逻辑下的无序发展。

第二，明确主体定位。明确各参与主体的功能和定位，避免错位、越位。厘清政府与市场的关系，才能有效解决各参与主体权责利不对等的问题；保障市场参与主体的权益，才能充分调动各方参与主体的积极性，深入发掘公共数据授权运营的制度价值和公共数据资源的数据价值。

第三，数据资源摸底。对公共数据资源及开发利用场景、相关开发主体、基础设施、市场容量进行分区域、分层级摸底，作为构建统一的多层级、纵横结合公共数据授权运营体系的底座。

第四，多元化发展。推动行业垂直领域的公共数据授权运营与"一体化"公共数据授权运营的"纵横"结合，以数据为基础厘清相互之间的边界和功能定位，减少重复建设和同质化竞争，减少多头监管或监管真空。

第五，强化个人数据财产权利保障。通过构建新型基础设施打通处理个人信息时向个人征求同意的通道，作为公共数据授权运营体系的重要补充。并且以此为基础推动个人信息的知情权、可携带权以及委托处理权的实现，实现个人对其个人信息财产性权利的可支配权，并获得相应收益。

第六，从构建全国统一的公共数据授权运营制度的全局出发，从应然的角度关注地方立法开展的制度和运营建设，从实然的角度关注实践案例及其背后的法律逻辑、客观需求，尊重市场规律，通过国家层面出台行政法规的形式固化成果，弥合与其他制度的不协调性。

第七章

生成式人工智能的数据侧合规

　　ChatGPT 的横空出世，使得生成式人工智能引发热议。作为大模型的算法，生成式人工智能可以广泛收集、筛选和处理各类信息、生成各种内容，给人类带来了极大的便利。但是，生成式人工智能无法辨认信息是否真实以及其具有的不可控性等亦带来了极大风险。为此，国家互联网信息办公室等七部门联合公布了《生成式人工智能服务管理暂行办法》（以下简称《暂行办法》）。该办法已于 2023 年 8 月 15 日起实施，这可能是全球第一个对生成式人工智能进行监管的立法。因此，有必要以《暂行办法》为语境，对生成式人工智能从法律角度进行研究分析。

　　在本章中，首先会对生成式人工智能与深度合成技术进行区分，明确二者在法律与技术层面的区别；其次，会讨论对《暂行办法》适用范围的理解；最后，论证生成式人工智能发展所带来的数据合规问题及相关的著作权问题，给出实操中的合规注意要点。

一、导入案例与主要问题

甲公司系某生成式人工智能大模型的开发者，为获取数据进行大模型的训练，经协商后，甲公司与乙公司达成合作关系，由乙公司向甲公司提供训练数据。对于从乙公司处获取的数据，甲公司并未审查数据来源并直接用于大模型的训练。后丙公司主张，乙公司提供给甲公司的数据系乙公司破解丙公司数据库安全保障技术后非法获取的。

在甲公司的生成式人工智能服务上市后，丁公司向甲公司购买了相关大模型服务，用于辅助人工客服的工作（为人工客服提供回复话术提示等，并不直接面对顾客）。对此，有人主张，丁公司应受到《暂行办法》的规制。

自然人 A 购买了甲公司提供的生成式人工智能服务，利用相关大模型生成了一篇文章，现自然人 A 向甲公司主张其对该文章享有著作权。又有自然人 B 向甲公司主张，在甲公司训练大模型时使用了其作品，但未经其本人授权。

主要问题：

1. 在确认乙公司的数据确系非法取得的情况下，甲公司还能否继续使用其以该数据训练出的大模型？

2. 丁公司的行为是否需要受到《暂行办法》的规制？

3. 自然人 A 的主张能否成立？

4. 若自然人 B 的主张真实，则甲公司的行为是否侵犯了他的著作权？

二、原理阐释

（一）人工智能的分类

人工智能（Artificial Intelligence，AI）按发展程度可分为狭义人工智能（Artificial Narrow Intelligence, ANI）、通用人工智能（Artificial General Intelligence, AGI）和超级人工智能（Artificial Super Intelligence, ASI）。其中，ANI 被称为弱人工智能，指机器在某一领域表现出智能，如下棋、翻译、发展预测等；AGI 则被称为强人工智能，指机器达到人的表现水平，能够解决跨领域的复杂问题；ASI 则是指机器能够完成人的一切工作，且运行速率远超人脑。换言之，一般认为，目前人类技术尚处于狭义人工智能阶段，但以 GPT-4 为代表的通用大模型已经接近所谓的通用人工智能。

狭义人工智能的主要技术方向可以分为决策式 / 分析式 AI（Discriminant/Analytical AI）和生成式 AI（Generative AI）两类。决策式 / 分析式 AI 指学习数据中的条件概率分布，根据已有数据进行分析、判断、预测；而生成式 AI 是一类机器学习算法，并非只分析已有数据，而是学习数据中的联合概率分布，归纳已有数据后进行自主创造、演绎创新，一般对外输出文本、图像、语言、视频、代码等内容。

目前，决策式 / 分析式 AI 在推荐系统、图像识别、内容审核、自动驾驶领域已经商用化，尤其是在图像识别领域中的人脸识别领域已经完全融入实体经济，在无人驾驶领域已经达到半成熟阶段；生成式 AI 属于 Web3.0 的生产工具，在游戏开发、文学创作、音乐创作、药品发明、新材料合成等创新领域中已经有所涉及。

（二）生成式人工智能技术与深度合成技术

深度合成技术最早起源于"深度伪造"（Deepfake），根据《互联网信息服务深度合成管理规定》的规定，深度合成技术，是指利用深度学习、虚拟现实等生成合成类算法制作文本、图像、音频、视频、虚拟场景等网络信息的技术。

《生成式人工智能服务管理办法（征求意见稿）》（以下简称征求意见稿）将生成式人工智能技术界定为"是指基于算法、模型、规则生成文本、图片、声音、视频、代码等内容的技术"。《暂行办法》规定，生成式人工智能技术，是指具有文本、图片、音频、视频等内容生成能力的模型及相关技术。相较于征求意见稿，《暂行办法》更加强调模型而非算法和规则，这说明监管部门对于法规规制对象的底层技术确实有所区分。

从深度合成技术和生成式人工智能技术二者的法律界定上看，深度合成技术是基于算法的技术，而生成式人工智能技术则更加强调模型。算法是指针对特定问题的一种方法，通常由程序代码实现，例如手写识别算法、排序算法等；模型则是多个算法根据一定架构组成的集合，是指数据通过算法进行训练后得到的一个可以解决特定问题的模型，如手写识别模型，当向模型输入一张手写图片后，其就可以输出图片中的文字。每个模型里都包含算法，算法是设计出来的，自由度低，可解释性强；模型更加复杂，是训练出来的结果。所谓大模型，是指具有大量参数和复杂结构的机器学习模型，其可以应用于处理大规模的数据和复杂的问题。

上述规定对相关技术的界定较为模糊，在一定程度上扩大了二者特别是深度合成技术的原有范围。从技术角度来说，深度合成技术和生成式人工智能技术虽有联系，但也有不同。深度合成技术和生成式人工智能技术均会涉及生成合成类算法，在底层技术的应用上有一定的相似性和交叉，但在具体的应用方向上并不相同。深度合成技术本质上是根据一定的需求，对已有的数据（图片、文字等）进行组合、拼接，其并不能从无到有地生成新内容；而生成式人工智能技术的逻辑为"理解——创作"，生成内容具有新颖性，并非对已有内容的拼接，即其具有对已有数据进行演绎创新的能力。此外，生成式人工智能具有更强的可交互性、自主性与生成内容的广泛性。因此，生成式人工智能技术并不等同于深度合成技术。

综上，《暂行办法》所规制的生成式人工智能不等同于深度合成技术。

（三）《生成式人工智能服务管理暂行办法》的适用范围

《暂行办法》第 2 条对适用范围作出了规定，采用了一般规定和例外情形的体例。换言之，一般而言，"利用生成式人工智能技术向中华人民共和国境内公众提供生成文本、图片、音频、视频等内容的服务（以下称生成式人工智能服务），适用本办法"。同时又规定了两个例外情形：一是"国家对利用生成式人工智能服务从事新闻出版、影视制作、文艺创作等活动另有规定的，从其规定"；二是"行业组织、企业、教育和科研机构、公共文化机构、有关专业机构等研发、应用生成式人工智能技术，未向境内公众提供生成式人工智能服务的，不适用本办法的规定"。由此可知，在判断相关企业是否受《暂行办法》的规制时，应同时考虑四个要素标准，即"境内""公众""提供生成式人工智能技术服务"及例外情形。

其中，"境内""公众""提供生成式人工智能技术服务"构成了适用范围的一般标准。第一，境内，即接受服务的对象在中华人民共和国境内。此外，根据《暂行办法》第 20 条规定，境外服务提供者向境内提供生成式人工智能技术服务的，亦属于《暂行办法》的规制范围。这采取了属人加属地的原则。第二，公众，即不特定的多数主体，并不当然仅指自然人。《最高人民法院关于审理商标民事纠纷案件适用法律若干问题的解释》第 8 条曾对"公众"作出解释，即"商标法所称相关公众，是指与商标所标识的某类商品或者服务有关的消费者和与前述商品或者服务的营销有密切关系的其他经营者"。该解释明确，"公众"除了自然人，还包括法人和非法人组织。此外，《暂行办法》第 22 条更是进一步明确，生成式人工智能服务使用者包括组织与个人。此外，提供服务的组织与个人亦受《暂行办法》的规制。第三，提供生成式人工智能技术服务，即提供《暂行办法》所规定的"生成式人工智能技术"，对于具体范围上文已进行界定，此处不再赘述。

（四）大模型的发展与数据语料库的建设

现有大模型的开发与训练均以大量的训练数据为底座和基石。可以说，开拓合法合规的大模型训练数据获取渠道，对于生成式人工智能与大模型技术的发展，有着至关重要的意义。《暂行办法》第 6 条第 2 款规定，"推动生成式人工智能基础设施和公共训练数据资源平台建设。促进算力资源协同共享，提升算力资源利用效能。推动公共数据分类分级有序开放，扩展高质量的公共训练数据资源。鼓励采用安全可信的芯片、软件、工具、算力和数据资源"。足见国家对生成式人工智能技术发展的支持，以及对通用大模型数据语料库建设的重视。

现阶段，制约国内生成式人工智能通用大模型发展的一大痛点即为可供训练的中文语料太少。据统计，在全球通用的 50 亿大模型数据训练集里，中文语料的占比仅为 1.3%，其中高质量的中文语料更少。^① 因此，构建通用大模型中文数据语料库、提高训练数据质量、扩大数据提供规模，就显得尤为重要。对此，可以根据以下思路破除当前困境。

其一，政府牵头组建大模型、大数据联盟。应充分发挥政府的作用，由政府统筹辖区内的数据资源，加速公共数据的分级分类开放，协调企业间数据共享。此外，因为政府掌握了大量的公共数据资源，一方面，可以开展高质量数据集建设；另一方面，促进建立面向大模型的高质量语料库，亦可构建基于企业数据共享水平的公共数据开放机制，对企业数据共享水平进行评估，并将其与公共数据开放挂钩，共享水平高的企业可以在合法合理的范围内享受更便捷、优质的公共数据开放服务。

其二，增强数据持有方的数据提供意愿。各行业协会可以制定训练数据的质量与规模评价标准，形成标准操作流程和技术规范。建立语料库认证机制，并基于此构建数据定价机制，促进数据流动。须支持数据持有方对所提供数据产品的财产权益，特别是大型互联网平台合法收集持有的海量数据。此外，还可以根据数据持有方的数据提供情况，赋予其优先使用或优惠使用相关大模型的特权，以提高其数据提供意愿。

其三，构建数据提供方的安全港。此项举措意在减少数据提供方的顾虑，从而鼓励其对外提供数据。具体做法是，明确生成式人工智能大模型侵权追责机制，在数据提供方合法收集、出售或共享训练数据的前提下，以立法或政策的形式保障其不承担服务提供者 / 模型开发者因大模型侵权所产生

---

① 宋子乔：《国产大模型困境有解了？开放算料联盟成立 围绕高质量中文数据开展合作》，转引自腾讯网。

的法律责任，即在一定程度上阻断数据提供方的责任。

其四，支持语料库数据产品在受监管的数据交易场所挂牌交易。以上海市数据交易所为例，该交易所建立了完善的数据合规评估机制。对于大模型的语料供给，可以鼓励数据供给方在上海市数据交易所挂牌，对语料数据产品的评估费用以及挂牌费用进行政策支持及经济补助等。这不仅可以为数据提供方的合规问题提供一定程度上的背书，而且对数据需求方亦具有积极意义。目前根据公开报道，中国知网等重要数据来源方已经在上海市数据交易所挂牌数据产品。

其五，增加公共数据资源的供给。随着数据垄断效应的加剧，企业若想合法获取高质量的训练数据集并非易事。公共数据是极重要的数据来源，通过公共数据开放机制和公共数据授权运营机制，建立和开发公共训练数据集，以降低企业获取具有合法来源的数据的成本，或可有效缓解这一矛盾。

其六，构建生成式人工智能领域开源社区。以 Hugging Face Hub 为例，其作为目前境外人工智能生成内容（AI Generated Content，AIGC）领域最有影响力的开源社区之一，提供超过 12 万个模型（models）、2 万个数据集（datasets）和 5 万个演示应用程序（spaces），所有这些都是开源、公开、免费的，这极大地降低了大模型行业的技术和成本门槛，深刻地改变了 AIGC 行业的发展模式。可以将该案例的成功作为借鉴和参考，由政府牵头或鼓励企业自发创建中国的开源社区，构建社区的正向反馈机制，由用户对共享的模型、数据等进行评分，高质量内容的共享者可以此获利等，以促进 AIGC 领域数据的自发性流通共享。

三、合规要点指引

（一）生成式人工智能服务使用特殊情形的讨论

在实践中，存在一些特殊情形。例如，企业仅通过引入生成式人工智能技术辅助决策以提高自身的服务能力或者企业仅作为终端用户与大模型之间的"传声筒"，此时，须对相关企业是否构成"生成式人工智能服务提供者"（以下简称服务提供者）进行个案判断，以明确其是否应受到《暂行办法》的规制。

1．一般性判断标准

《暂行办法》第 17 条规定，"提供具有舆论属性或者社会动员能力的生成式人工智能服务"需要进行算法备案等。以 ChatGPT 为例，一般认为，因 ChatGPT 只是"点对点"地向用户提供内容，故并不具有"舆论属性"，但其根据用户需求生成的内容极有可能影响用户的思想及行为，故而应将类似的大模型认定为具有"社会动员能力"。此规定可以理解为，应当对能够影响公众思想的生成式人工智能服务加强监管，避免其生成内容对公众造成不良影响，破坏正常的社会舆论乃至运行秩序。

基于此，可以认为《暂行办法》对生成式人工智能技术的规制逻辑在于其是否会对"公众"产生不良影响。换言之，在企业本身并无违法目的的前提下，倘若生成式人工智能生成了错误的、违反公序良俗的，甚至违法的内容，"公众"是否能够接触到该内容，即如果企业对该内容具有修改、删减、增加等实际控制能力，在对生成式人工智能生成内容进行实质审查后，再以直接（将生成物原封不动的发给用户）或间接（由企业工作人员概括转述等）的方式交由用户，且此过程能够在一定程度上避免用户受错误内容的影响，则不应当认定相关企业为服务提供者，企业自然也就不受《暂行办法》的规制。

2. 企业引入生成式人工智能辅助决策

在企业引入生成式人工智能用于辅助决策等以提升自身服务能力为目的的情形下，如企业客服部门引入生成式人工智能技术，将其生成内容作为工作人员回答客户问题的辅助与参考，此时，企业工作人员在面向"公众"提供服务时，并不会直接将生成式人工智能的生成内容转交（述）给用户，该内容仅是工作人员对外提供服务的辅助与参考，真正对外提供相关服务的仍为企业工作人员本人，其对表达的内容负责。换言之，即使生成式人工智能根据用户的情况提供了错误的生成内容，企业工作人员亦会对其进行甄别，在其能力范围内避免用户接触到错误的生成内容。在这种情形下，不应认定相关企业为服务提供者，即该企业不受《暂行办法》的规制。

3. 企业为生成式人工智能技术的"传声筒"

具体来说，企业代用户使用生成式人工智能服务，即企业名义上对外"提供生成式人工智能服务"，但企业实质上并不控制相关大模型，用户对企业发出使用需求后，企业以使用者身份向其可接触到的大模型发送相同的需求，在得到相关的生成内容后，企业在不对生成内容进行实质性审查的前提下，直接将此生成内容转达给用户。此种情形下，企业可以理解为生成式人工智能技术的"传声筒"。

此种情形下，倘若生成式人工智能生成了错误的内容，终端用户有接触到该内容的可能。根据前述的判断标准，应当将此时的"传声筒"企业认定为服务提供者，受《暂行办法》的规制。根据《暂行办法》的规定，服务提供者需要对生成式人工智能大模型的研发及运行全阶段负责。此时，认定"传声筒"企业为服务提供者，由其承担相关大模型的全阶段合规风险并不违反《暂行办法》的精神。

（二）基于违法训练数据取得的大模型及参数能否继续使用

相较于征求意见稿，《暂行办法》在很大程度上放宽了对模型开发者／服务提供者在训练大模型时使用的训练数据的要求，但亦对训练数据作出了规定。《暂行办法》第7条第1项、第4项规定，服务提供者应在训练数据处理活动中遵守"使用具有合法来源的数据和基础模型""采取有效措施提高训练数据质量，增强训练数据的真实性、准确性、客观性、多样性"。

1. 训练数据本身违法

因大模型的参数取决于训练数据的投入，若在开发、训练大模型时使用的训练数据本身违法，如使用了违反法律法规、公序良俗、国家利益、人类道德的训练数据，则大模型本身就有极高的生成违法内容的可能。当然，亦有一种可能是大模型需要利用含有违法内容的数据来训练模型，以使特定大模型可以识别"坏人"。对此，应当认为，除前述特殊情形外，在利用非法数据训练大模型的情况下，无论是大模型通过训练获得的参数还是大模型本身，均不能继续使用。

2. 训练数据来源违法

对使用内容合法但来源违法的训练数据进行大模型训练，获取的相关参数及大模型能否继续使用的问题，目前法律尚无明确规定。基于对人工智能领域相关技术发展的促进和鼓励，对此宜分情况进行个案判断。

（1）服务提供者以合法渠道取得了来源不合法的数据（上游数据来源不合法）

此种情形，服务提供者／模型开发者从合法渠道向数据持有者 A 以合法形式购买训练数据，用于大模型的训练，但交易的训练数据是数据持有者 A 以非法方式获取的（违规爬取、非法购买等）。此时，应当认可服务提供者／模型开发者通过对上述数据投入的实质性劳动与智慧，允许其继续使用基于来源不合法的训练数据所得到的大模型及相关参数（类似于善意取得制度）。

但与此同时，服务提供者／模型开发者应当提供其已对相关训练数据来源进行合理审查的证明，否则，难以体现其对训练数据的来源审查尽到了合理的注意义务。此时，若服务提供者／模型开发者不能提供相应的证据，则不能认为其对训练数据的来源进行过合理必要的审查，则其应承担相应的侵权及其他责任；情节严重的，不应允许其继续使用基于前述训练数据训练的大模型及相关参数。

（2）服务提供者非法获取训练数据

若服务提供者／模型开发者以非法方式或非法途径获取相关数据进行大模型的训练，其明显违反了《暂行办法》第 7 条第 1 项"使用具有合法来源的数据和基础模型"的规定。在此情形下，服务提供者／模型开发者的主观恶意明显，不应允许其继续使用基于上述数据训练而获得的大模型及相关参数，其还可能将因其违法行为承担相应法律责任。

（三）服务提供者和模型开发者预训练数据的合规性

《暂行办法》第 7 条规定，"生成式人工智能服务提供者（以下称提供者）应当依法开展预训练、优化训练等训练数据处理活动，遵守以下规定：

（一）使用具有合法来源的数据和基础模型；（二）涉及知识产权的，不得侵害他人依法享有的知识产权；（三）涉及个人信息的，应当取得个人同意或者符合法律、行政法规规定的其他情形；（四）采取有效措施提高训练数据质量，增强训练数据的真实性、准确性、客观性、多样性；（五）《中华人民共和国网络安全法》《中华人民共和国数据安全法》《中华人民共和国个人信息保护法》等法律、行政法规的其他有关规定和有关主管部门的相关监管要求"。

《暂行办法》第 8 条规定，"在生成式人工智能技术研发过程中进行数据标注的，提供者应当制定符合本办法要求的清晰、具体、可操作的标注规则；开展数据标注质量评估，抽样核验标注内容的准确性；对标注人员进行必要培训，提升尊法守法意识，监督指导标注人员规范开展标注工作"。

基于此，可以得出服务提供者／模型开发者在使用训练数据进行大模型的预训练时，需要重点关注以下合规风险点。

1. 数据来源是否合法

目前服务提供者／模型开发者获取训练数据的方式通常包括公开采集（例如通过爬虫软件、RPA 等技术手段采集）、直接采集（通过用户自主提供或通过设备采集）、间接采集（从数据提供者处以购买、数据共享等方式获得）、使用合成数据等。对此，需要重点关注服务提供者／模型开发者采集数据的行为及渠道是否合法合规。

例如，以爬虫软件等技术手段采集数据的，需要遵守与被爬取网站的协议，不得破坏、绕过其设置的反爬取技术措施等。爬取的数据应当为公开数据，不得涉及个人信息数据、重要数据、敏感数据等，不得违反《反不正当竞争法》的相关规定。以购买或数据共享方式取得训练数据的，服务提供者／模型开发者需对相关数据的来源进行合理审查，避免该数据的上游取得方式违法，以至产生合规隐患。

2. 数据训练过程是否侵犯他人知识产权

大模型的训练需要大量诸如文字、图片等数据的投入，其中不乏受到著作权保护的作品。因而，在未经相关著作权人授权的情况下，以获取的公开数据为训练数据进行大模型的训练，可能会构成对相应著作权人享有著作权的侵犯。现阶段，要求服务提供者/模型开发者在进行大模型训练前取得所有相关著作权人的授权显然不现实，赋予其过重的合规义务无疑会压缩生成式人工智能行业的发展空间，与《暂行办法》鼓励相关技术发展的精神不符。故而，如何在知识产权领域实现服务提供者/模型开发者与知识产权人之间利益的平衡，对于促进整个人工智能领域的发展，显得尤为重要。对此，理论界与实务界均未形成定论。

2023 年 8 月初，《纽约时报》正式公布其更新的服务条款，明确表示所有《纽约时报》刊登或提供的照片、影像、设计、音频及视频短片，以及其他资料及数据等，都不得用于训练生成式人工智能，否则，将追究相应的民事或刑事责任"[①]。上述新闻主要针对的就是 Open AI 公司在未经《纽约时报》授权的情况下，以其享有著作权的作品进行 ChatGPT 训练的行为。对此，《纽约时报》表示或将起诉 Open AI 公司。而以美联社为代表的"赞同派"则持相反态度，其于 7 月与 Open AI 公司签署合作协议，同意提供过去的报道给 Open AI 用于数据训练。《华尔街日报》亦在考虑以收取一定费用的方式向

---

① 《〈纽约时报〉更新服务条款，禁止将新闻报道用于 AI 开发》，载自澎湃新闻网，2023 年 8 月 16 日。

AI 开发人员提供训练内容，其将生成式人工智能视为对未来业绩的支持。[①]

对此问题，学界有观点认为，或可于《中华人民共和国著作权法》（简称《著作权法》）中增加"合理使用"的情形，豁免模型开发者／服务提供者对用于大模型训练的作品取得著作权人授权的义务，明确其可以不经授权即将相关作品用于大模型的训练，或只须为此支付一定的费用。[②]

但须注意，目前我国立法尚未明确此种情形属于"合理使用"的范围，即服务提供者／模型开发者在将他人作品作为训练数据时，原则上仍须取得相关著作权人的授权，否则将会面临较高的合规风险。

3. 训练数据是否涉及个人信息

实践中，大模型的训练很少使用直接的个人信息（如单独的姓名、身份证号等），但亦存在此种可能。根据《暂行办法》第 7 条第 3 项的规定，倘若训练数据涉及个人信息，应当取得个人同意，或符合法律、行政法规规定的其他情形。

4. 是否采取有效措施提高训练数据质量

相较于征求意见稿要求的"能够保证数据的真实性、准确性、客观性、多样性"，《暂行办法》出于对生成式人工智能行业发展的鼓励，已大幅放宽了对训练数据的质量要求标准，仅进行"倡议性"要求。但对于服务提供者／模型开发者来说，提供训练数据的质量仍不可忽视。对此，服务提供者／模型开发者应当积极采取有效措施，并进行记录和留痕，以便在接受监管时，能够向相关部门证明其对于提高训练数据质量已经尽到了合理的义务。

---

① 《〈纽约时报〉更新服务条款，禁止将新闻报道用于 AI 开发》，载自澎湃新闻网，2023 年 8 月 16 日。

② 林华：《人工智能数据训练的法律竞争》，载自搜狐网，2023 年 8 月 15 日。

5. 数据标注活动是否符合规定

《暂行办法》第 8 条对数据标注活动提出了明确的要求，因此，服务提供者 / 模型开发者在训练数据时应当制定标注规则、开展数据标注质量评估，并对标注人员进行必要的培训，否则可能存在合规风险。

（四）服务提供者储存和利用使用者输入信息的合规问题

大模型的训练并非一蹴而就，在服务提供者完成大模型的预训练后，大模型只是初步成型，其本身还需要在后续提供服务的过程中持续训练。可以说，使用者在接受基于大模型的生成式人工智能服务的同时，也在变相地帮助服务提供者继续训练大模型。此时，服务提供者能否直接利用使用者在使用时输入的相关信息及使用记录进行大模型的升级迭代，仍有待商榷。对此问题，《暂行办法》未作明确规定，但《暂行办法》与征求意见稿均规定了服务提供者对涉及使用者个人信息的输入信息和使用记录所应承担的义务。基于此，可以推断监管部门对上述问题的监管口径。

征求意见稿第 11 条规定，"提供者在提供服务过程中，对用户的输入信息和使用记录承担保护义务。不得非法留存能够推断出用户身份的输入信息，不得根据用户输入信息和使用情况进行画像，不得向他人提供用户输入信息。法律法规另有规定的，从其规定"。以禁止性规定的形式对服务提供者作出要求，且没有规定除外条款，口径可谓非常严格。而《暂行办法》第 11 条第 1 款的规定则在一定程度上放松了对服务提供者的限制，"提供者对使用者的输入信息和使用记录应当依法履行保护义务，不得收集非必要个人信息，不得非法留存能够识别使用者身份的输入信息和使用记录，不得非法向他人提供使用者的输入信息和使用记录"。为禁止性条款设置了"非必要""非法"的前提，即承认了服务提供者在合法情况下可以对此进行一定的收集、存储和利用。

基于此，可以认为，《暂行办法》并未明确禁止服务提供者存储和利用使用者在使用过程中输入的信息及使用记录，而是认可了服务提供者利用该数据优化模型的行为。但出于避免合规风险的考量，建议服务提供者应根据《暂行办法》第 9 条"与注册其服务的生成式人工智能服务使用者（以下称使用者）签订服务协议，明确双方权利义务"的规定，在服务协议中预先、明确取得使用者的授权，以增强其收集、存储、利用相关数据的合法合规性。

此外，无论是征求意见稿还是《暂行办法》，均明确规定服务提供者具有保护使用者输入信息和使用记录的义务。意大利政府暂时禁用 ChatGPT 以及三星芯片机密代码泄露事件，均能体现使用者输入信息被泄露的严重性与严峻性。中国支付清算协会亦指出，生成式人工智能工具已暴露出跨境数据泄露等风险，出于对数据安全的考量，其发布了《关于支付行业从业人员谨慎使用 ChatGPT 等工具的倡议》。因此，服务提供者应当重视其信息安全保障义务，积极采取有效措施，避免用户数据泄露。

（五）大模型关联数据出境的合规风险

《暂行办法》并未禁止境外向境内提供生成式人工智能服务，亦未禁止境内服务提供者于境外训练大模型，或在大模型中嵌套境外大模型，但这并不意味着上述做法被我国现行法律所当然认可。

在大模型部署在境外的情况下，服务提供者／模型开发者以境内数据对其进行训练，或使用者向其输入境内数据，均会导致大模型与境内数据在境外接触，即可能产生数据出境的问题，造成境内相关数据无序出境的法律风险。《数据出境安全评估办法》第 4 条规定，在数据处理者向境外提供重要数据；关键信息基础设施运营者和处理 100 万人以上个人信息的数据处理者向境外提供个人信息；自上年 1 月 1 日起累计向境外提供 10 万人个人信息或者 1 万人敏感个人信息的数据处理者向境外提供个人信息；国家网信部门规定的其他需要申报数据出境安全评估的情形四种情况下，数据处理者向境外提供数据的，应当通过所在地省级网信部门向国家网信部门申报数据出境安全评估。在利用大模型向公众提供服务的场景下，数据出境将变得不可控，对相关数据进行逐条统计并在达到一定标准时及时向相关部门申报数据出境安全评估缺乏可行性。根据《暂行办法》第 20 条的规定，对来源于中华人民共和国境外向境内提供生成式人工智能服务不符合法律、行政法规和本办法规定的，国家网信部门应当通知有关机构采取技术措施和其他必要措施予以处置。换言之，在利用境外大模型向境内公众提供服务的情况下，服务提供者 / 模型开发者会因为数据无序出境问题承担极高的法律风险。

此外，如果将利用境内数据进行训练后得到的大模型直接部署到境外，而非在境内向境外提供服务，也会涉及数据出境的法律风险。因为在将大量数据用于大模型的训练后，相关大模型就会基于此特定数据环境而产生一定的推理能力，虽然大模型本身并不存储原始数据，但其推理、生成逻辑本身在一定程度上已经包含了离散的、概率的数据。此时，大模型出境亦会产生数据出境的风险。

综上，为避免数据无序出境带来的风险与法律责任，服务提供者 / 模型开发者应尽可能在境内开发和训练大模型，即使所使用大模型源自境外，也应尽可能地实现本地化部署。

（六）AIGC 的著作权问题

如上所述，生成式人工智能和深度合成的区别之一在于生成式人工智能的演绎创新能力。而演绎创新能力所产生的成果归属也将成为合规的重点。

1. AIGC 的内涵与特点

AIGC，如 ChatGPT 在代码中注入预训练后，其可以像人类一样学习训练，并通过人类反馈的强化学习训练，使机器逐步与人类的想法保持一致。根据大模型的训练，生成式人工智能会像一个小孩一样，学习—反馈—成长，最终产生自己独立的作品。其独立产生的作品就是 AIGC。AIGC 具有模式化、数量多和不可预估性的特征。由于生成式人工智能需要以人类提供的数据为基础，通过研究基础数据归纳规则并最终生成成果，因此，其难免会与接收的数据具有相似性。但究其本质，生成式人工智能仍具有一定独创性。同时，由于机器处理数据的能力和效率高于人脑，因此在同样时间内，产生的作品数量亦非常多。此外，由于人类只能对人工智能喂养的数据进行预设，但人工智能自己具有获取数据的能力，因此，其作品亦有不可预估性。

2. AIGC 能否构成著作权客体

AIGC 是否能构成著作权客体，并按照著作权体系进行权利分配与权属认定，目前法律并无明确规定，实务界对此问题所持观点亦不统一。

在（2019）京 73 民终 2030 号案件中，北京知识产权法院认为，"文字作品应由自然人创作完成""对于相关生成物，计算机软件研发者（所有者）和软件使用者均不能以作者身份进行署名，应标明相关内容系软件智能生成""计算机软件的使用者可以采用合理方式在计算机软件智能生成内容上表明其享有相关权益"。[①]

而在（2019）粤 0305 民初 14010 号案件中，南山区人民法院则认可了某计算机公司享有对案涉人工智能生成作品的著作权，"从涉案文章的外在表现形式与生成过程来分析，该文章的特定表现形式及其源于创作者个性化的选择与安排，并由 Dreamwriter 软件在技术上'生成'的创作过程均满足著作权法对文字作品的保护条件，本院认定涉案文章属于受我国著作权法所保护的文字作品"[②]。

对此，笔者认为，基于对生成式人工智能技术发展的鼓励，宜认可存在权利主体对符合著作权作品标准的人工智能生成物享有著作权。此外，《著作权法》的目的之一便在于鼓励创新，认定 AIGC 可以构成著作权客体，并以一定的判断标准明确其权利主体，并不违背著作权法之本意，亦符合鼓励新技术发展的社会要求。

3．AIGC 构成著作权客体的判断标准

在认可 AIGC 可以成为著作权客体的前提下，应明确相应的判断标准，即何种 AIGC 可以被认定为著作权客体。对此，可以借鉴南山区人民法院的判断标准，即：第一，AIGC 是否具有独创性。应从是否独立创作及外在表现上是否与已有作品存在一定程度的差异，或具备最低程度的创造性进行分析判断。第二，应从 AIGC 的生成过程来分析是否体现了创作者的个性化选择、判断及技巧等因素，即创作者在使用 AIGC 时，是否投入了足够多的，

---

① 北京某律师事务所与北京某网讯科技有限公司侵害署名权、保护作者完成权、信息网络传播权纠纷案，北京知识产权法院（2019）京 73 民终 2030 号。

② 深圳市某计算机系统有限公司与上海某科技有限公司著作权权属、侵权纠纷、商业贿赂不正当竞争纠纷案，深圳市南山区人民法院（2019）粤 0305 民初 14010 号。

足以左右生成内容、风格等的贡献。

如果能够满足以上两点，则应认为 AIGC 满足著作权法上对作品的认定标准，AIGC 可以构成著作权客体。

以 ChatGPT 为例，假定其生成物已经具有独创性，则需要判断服务提供者 / 使用者对其的产生是否投入了足够多的贡献。以使用者的视角，若其为相关生成物的创作投入了足够多的贡献，为此搜集大量资料，在系统内对生成内容（语言、逻辑、风格等）不断进行调整，最终创作出了具有独创性的内容，则应认定该内容符合著作权法上对作品的认定标准。在服务提供者主导、贡献下，AIGC 亦同。

4．AIGC 的权属判断

依上述分析，AIGC 有构成著作权客体的可能性，故而在确定 AIGC 的权属时，应先判断其能否构成著作权中的作品。在不构成著作权中作品的情况下，涉及与 AIGC 有关的"持有、使用、收益"等财产性权利，宜明确服务提供者与使用者之间的利益分配。

在构成著作权所称作品的情况下，则需要先厘清谁能成为 AIGC 著作权的主体。根据我国《著作权法》第 9 条和第 11 条的规定，著作权人应当是公民、法人或者非法人组织。其中，法人和非法人组织系一种拟制人格，其背后依然是自然人。实际上，著作权就是围绕自然人构建的。而 AIGC 的创作主体是人工智能，这就产生了 AIGC 著作权归属的问题。从民法学角度来说，法律主体必须具有民事权利能力和民事行为能力。很明显，目前生成式人工智能还没有上述能力，也无法对相应的行为承担后果。因此，笔者认为，AIGC 著作权保护主体应当是其背后的"人"。[①]

综上，本书仅从各方主体利益平衡的视角出发，拟提出 AIGC 权属的一般性判断标准。

首先，在确定 AIGC 的权属时，应先明确服务提供者与使用者之间是否就此存在明确约定。如有，则在相关约定有效的前提下遵循双方之间的约定。

其次，在没有提前约定的情况下，应判断 AIGC 能否构成著作权中的作品。如果能够构成作品，则可以根据服务提供者与使用者对相关内容生成的贡献程度大小确定著作权权利主体。在双方贡献的创造性智力劳动的大小难以比较时，可以考虑将著作权归属于使用者。因为服务提供者在提供服务时往往会收取一定的费用，其在实际上已经因提供生成式人工智能服务而获利，此时，将著作权归属于使用者的话，可以在一定程度上避免服务提供者"多重获利"的情况，平衡服务提供者与使用者之间的利益关系。

最后，在 AIGC 不构成作品的情况下，不再涉及著作权归属的判断，相应的 AIGC 应属于使用者"使用记录"的一部分。根据《暂行办法》第 11 条第 1 款的规定，"提供者对使用者的输入信息和使用记录应当依法履行保护义务，不得收集非必要个人信息，不得非法留存能够识别使用者身份的输入信息和使用记录，不得非法向他人提供使用者的输入信息和使用记录"。据此，可以认为，服务提供者在利用 AIGC 时，应当获得使用者的授权，尤其不得非法使用能够识别使用者身份的使用记录。此时，若服务提供者在未获得授权的情况下利用生成内容，则会存在较大的侵权、合规风险。

[①] 当然，随着科技的发展，进入强人工智能时代，是否会使得传统民法发生变化，人工智能取得民事权利能力和行为能力，目前尚未可知。

第八章

数据资产入表合规

2023 年 8 月 1 日，财政部印发了《企业数据资源相关会计处理暂行规定》，自 2024 年 1 月 1 日起施行，其立法目的是规范企业数据资源相关会计处理，强化相关会计信息披露。正如财政部会计司有关负责人接受记者采访时指出的："制定暂行规定是贯彻落实中共中央、国务院关于发展数字经济决策部署的具体举措，也是以专门规定规范企业数据资源相关会计处理、发挥会计基础作用的重要一步。"制定《企业数据资源相关会计处理暂行规定》将"有助于进一步推动和规范数据相关企业执行会计准则，准确反映数据相关业务和经济实质"。通过制定统一规定，解决了实务中对数据资源能否作为会计上的资产确认以及作为哪类资产入表的疑虑，并明确了计量基础。直白地说，《企业数据资源相关会计处理暂行规定》为数据资产入表提供了操作指引。2024 年将是数据资产入表的元年，在中国数字经济发展中将占据重要地位。

在本章中，首先，笔者将对数据资产入表的相关概念进行明确，并对《企业数据资源相关会计处理暂行规定》的主要内容进行介绍；其次，对包括数据确权、数据资产入账计量、数据资产评估等数据资产入表相关的难点问题进行分析和讨论；再次，就数据资产入表对数据资产衍生金融服务与产品的影响进行分析与展望；最后，就数据资产的合规问题以及数据资产入表的准备工作提出法律方面的建议。

一、导入案例与主要问题

甲公司系从事数据业务的上市公司，其数据来源主要包括向第三方购买和在日常生产经营活动中收集、整理。《企业数据资源相关会计处理暂行规定》出台后，甲公司拟按照《企业数据资源相关会计处理暂行规定》的要求将公司持有的数据资源确认为资产，现正为此进行准备。

主要问题：

1. 何种数据资源可以入表？应体现在企业资产负债表的哪一科目中？

2. 数据资源的账面价值应如何确认？是否需要先进行数据资产评估？

3. 甲公司应如何确保相关数据资源入表没有瑕疵？

4. 甲公司应为数据资产入表事先进行哪些准备工作？

二、原理阐释

（一）数据资产入表的内涵

数据资产入表是指将符合标准的数据资源确认为资产负债表中的"资产"，从而能够将相关数据资源对企业的真实价值与业务贡献反映在财务报表中。具体来说，《企业数据资源相关会计处理暂行规定》规定：企业使用的数据资源，符合《企业会计准则第 6 号——无形资产》（财会〔2006〕3 号）规定的定义和确认条件的，应当确认为无形资产；企业日常活动中持有、最终目的用于出售的数据资源，符合《企业会计准则第 1 号——存货》（财会〔2006〕3 号）规定的定义和确认条件的，应当确认为存货；企业出售未确认为资产的数据资源，应当按照收入准则等规定确认相关收入。

基于与国际会计核算接轨、稳健推进等考量，《企业数据资源相关会计处理暂行规定》明确企业数据资源适用于现行企业会计准则，并没有改变现行准则下的会计确认计量方法与要求。其本质是对现行准则的重申和细化，即在"存货""无形资产""开发支出"三个科目下新增"数据资源"项目，对数据资产入表的会计账目处理方式及列示规则进行明确。

值得注意的是，《企业数据资源相关会计处理暂行规定》解决的是会计问题，即在会计核算时如何将符合条件的数据资源以资产入账的问题，但不能认为《企业数据资源相关会计处理暂行规定》可以一并解决数据确权、数据流通交易及数据资产评估等问题。这些问题将在下文中详细说明，此处不再赘述。

（二）"数据二十条"与数据资产入表

1."数据二十条"提出探索数据资产入表新模式

"数据二十条"明确，数据作为新型生产要素，对土地、劳动力、资本、技术等生产要素具有放大、叠加、倍增的作用，其正在推动生产方式、生活方式和处理方式深刻变革。因此，促进数据流通交易的根本目的是赋能数据利用，发挥数据要素的价值。"数据二十条"在总体要求部分提出，要以维护国家数据安全、保护个人信息和商业秘密为前提，以促进数据合规高效流通使用、赋能实体经济为主线，以数据产权、流通交易、收益分配、安全治理为重点，构建数据基础制度的"四梁八柱"。

数据资产入表新模式的探索，被"数据二十条"明确规定为数据基础制度中促进数据流通利用的保障措施之一。《企业数据资源相关会计处理暂行规定》的出台标志着数据资产入表的正式落地，这在全世界亦尚属首例。数据资产入表是在"数据二十条"确定的整体数据基础制度框架下，对构建适应数据特征、符合数字经济发展规律新制度的一次有益尝试，亦是中国深度参与国际高标准数字规则制度的重要体现。作为保障措施，《企业数据资源相关会计处理暂行规定》为企业生产、购买数据资源相关费用进行资本化奠定了制度基础，能够有效引导企业尤其是数据密集型企业加大对数据流通利用的资源投入力度，最终实现促进数据流通利用的功能。

2. 数据流通利用对数据资产入表具有重要意义

北京大学光华管理学院教授翁翕认为，流通交易是数据资源向数据资产转变、充分释放价值的必经之路。一方面，数据的使用价值在于对产业生产效率和市场运行效率的普遍提升。由于数据的使用价值高度依赖于规模质量、多源融合和应用场景，因此必须通过流通才能创造出更大价值。另一方面，通过流通交易可以鼓励市场主体逐步探索和完善数据定价体系，用市场化的手段合理评估和量化数据的经济贡献，有助于进一步将数据资源提升为数据资产，真正释放其内在价值。[①]

根据《企业数据资源相关会计处理暂行规定》的规定，数据资产入表

---

① 翁翕：《统筹构建规范高效的交易场所，为数据流通保驾护航》，载自国家发展和改革委员会网。

的账面价值计算适用成本法，即准确地计算拟入表数据资源所耗费的成本是数据资产入表的前提和基础。在数据流通利用量大、稳定的情况下，外购所得的数据资源的交易价格可直接作为成本的明确依据。尤其是在数据产品场内交易的场景中，数据产品交易价格更加具有可证明性和公允性，这将为数据资产入表的相关工作提供极大的便利。通过数据产品交易尤其是场内数据产品交易形成公允的市场价值，并通过数据交易链登记记录数据产品、权属信息、交易记录和交付信息等，形成有市场价格信息、应用场景以及可持续服务的证明。这样的数据交易登记凭证可以作为数据产品买方会计入表时基于公允价格计量的可靠依据之一；此外，其亦可作为数据资产估值的依据之一，待符合资产市场法估值的两个基本条件成立的时候，就可以作为资产估值的依据，从而为资产质押、信托、企业并购和 IPO 等衍生金融服务提供相对可信的基础资产评估依据。

3. "数据二十条" 构建的四个制度

（1）建立保障权益、合规使用的数据产权制度。探索数据产权结构性分置制度，建立数据资源持有权、数据加工使用权、数据产品经营权 "三权" 分置的数据产权制度框架。"三权" 分置的提出淡化了所有权的概念，认可三种权利的财产权益。设置 "三权" 分置最主要的意图是促进数据确权的相对明确，促进数据的合规高效流通使用，不让数据权属问题成为数据要素流通使用的一个障碍，也为实现数据资产入表的确权提供了保障，从而又进一步促进了数据流通利用。

（2）建立合规高效、场内外结合的数据要素流通和交易制度。从规则、市场、生态、跨境四个方面构建适应中国制度优势的数据要素市场体系。

（3）建立体现效率、促进公平的数据要素收益分配制度。在初次分配阶段，按照"谁投入、谁贡献、谁受益"的原则，推动数据要素收益向数据价值和使用价值创造者合理倾斜；在二次分配、三次分配阶段，重点关注公共利益和相对弱势群体，防止和依法规制资本在数据领域无序扩张、形成市场垄断等各类风险挑战。

（4）建立安全可控、弹性包容的数据要素治理制度。构建政府、企业、社会多方协同的治理模式。

（三）如何理解不同语境下的"数据资源"

《企业数据资源相关会计处理暂行规定》中的"数据资源"和"数据二十条"中的"数据资源"概念不同。《企业数据资源相关会计处理暂行规定》的标题就指明是"企业数据资源"，而"数据二十条"在数据资源持有权、数据加工使用权、数据产品经营权的"三权"分置机制中提出了"数据资源"这一概念。

理论与实务界就数据要素市场建设提出了数据资源化、资源产品化、产品资产化的企业数据资产化的路径。

复旦大学黄丽华教授提出："数据资源的定义是指把不同来源的数据进行必要的加工整合和处理，在物理上按照一定的逻辑归集以后，达到一定的规模，形成可重用、可应用、可获取的数据集合。""数据产品定义为包含实质性加工和创新性劳动，可满足内外部用户需要的数据内容和服务终端组成的具有可持续能力的服务。""数据产品可以自用、共享、开放和对外服务或交易，尤其是通过场内数据交易市场可以为所有参与交易的供需方提供数据资产的凭证。认定数据产品可以进入数据资产凭证的有三个条件，我们称之为三步蒸馏法。第一步是数据产品的认定要有条件；第二步需要认定成为可交易的数据产品；第三步是数据产品要入资产凭证。经过三步'蒸馏'产生的数据资产凭证，这个过程是可控的，而且最终的结果价值是可以计量的。而且，数据资产凭证是依托于全国数据交易链上面的协议和智能合约来形成的，具有不可篡改性、可透明性，将来可以为资本市场创新应用提供可靠服务。"[1]

笔者认为，两种语境下的"数据资源"是有区别的。《企业数据资源相关会计处理暂行规定》中的"数据资源"范围较广，既涵盖了"数据二十条"中（通常在数据要素市场建设话语体系下）狭义上的数据资源，也涵盖了数据产品乃至数据资产的概念。

（四）数据资产入表的难点

数据资产入表首先面临数据资源具体的应用场景问题，应结合应用场景，明确具体产品对应的数据资产。在根据具体场景确定了拟入表的数据资源后，将会面临相关数据资源权属证明、资产定价定量以及后续流通利用过程中公允价值评估的问题。

1. 数据资产入表之前的数据资源的确权问题

（1）法律上数据确权制度缺失

传统所有权体系的核心系支配和排他，即借助占有或登记等形式，使特定客体与所有权人之间的支配关系形成清晰的权利边界和外观，赋予所有者自由支配、处分特定客体的权利。有体物天然便具有支配和排他属性，在

---

[1]　黄丽华：《数据要素流通市场赋能数据资产化》，载自微信公众号"清华服务经济与数字治理研究院"，2023 年 7 月 23 日。

所有权的确认上并无争议。对于知识产权这种无形财产，其确权本质为通过客体界定和注册登记建立权利外观体系，以人为制定创新成果保护治理规则的形式，在无形财产上建立支配和排他体系。因而，虽然无形财产"无体"，并非天然具有支配和排他属性，但以知识产权为代表的无形财产权属确认制度在本质上仍然符合传统所有权体系的基本理念和判断标准。

　　然而，数据天然具有的可复制性与非排他性，使其不能适用有体物的确权规则。对于数据能否适用现有的知识产权的确权模式，目前学界亦持否定态度。高富平教授认为，在数据领域，"社会中的每个社会主体均扮演三个角色：数据来源者、数据生产者和数据使用者。首先，每个主体都需要通过数据来彰显自己在社会中的独立存在，同时在社会活动中生成或留下大量的数据，成为数据来源者；其次，为了开展各项社会活动，每个社会主体均需要获取他人生成数据，认知客观世界或交往对象；最后，每个社会主体在使用数据，认知世界的过程中会对数据进行处理加工，形成可用的数据，成为数据生产者。每个主体的三重角色是相互冲突的，作为使用者希望自由获取数据来源者的数据和生产者处理后的数据，数据来源者则不希望他人获取数据，而生产者一方面希望从来源者或生产者获得数据，另一方面则希望独享其处理后的数据。显然，赋予任何主体以排他支配权，只会加剧各角色之间的冲突，听任数据使用者随意爬取他人数据，又会使数据使用陷入无序状态。"[1] 基于此，不宜将数据简单地套用在传统所有权体系下，否则非但不能起到保障数据主体相关权利的作用，反而会阻碍数据的流通利用。

　　此外，《立法法》第 11 条规定，包括民事基本制度在内的 11 种事项只

---

[1]　高富平. 论数据持有者权：构建数据流通利用秩序的新范式［J］. 中外法学，2023（2）。

能由法律规定，数据权属确认制度毫无疑问地属于民事基本制度，应当由且仅由法律作出规定。《民法典》第 127 条规定，"法律对数据、网络虚拟财产的保护有规定的，依照其规定"。但目前，法律层面并无对数据权属确认的明确规定，这就造成了数据确权制度的法律缺失。

（2）会计操作中的"数据确权"

企业将自身持有的资源确认为资产的前提为该资源为企业"所有"，数据资源亦不例外，因此，对于企业来说，数据资源的"确权"问题无法回避。即使在入表后的资产再利用环节的数据资产评估环节，都离不开对数据权属的明确。值得注意的是，会计操作中的"数据确权"并非前述法律意义上的权属确认，而是企业对"拥有或控制"数据资源的一种证明，即企业能够合法持有相关数据资源，并将其应用于企业的生产经营活动中，为企业带来利益流入。

如前文所述，根据基本准则，资产的判断标准之一即为企业"拥有或控制"。由于目前没有明确的数据权属法律制度，数据"所有权"并不存在，现阶段企业只能通过证明对相关数据资源的控制来实现数据资产入表的操作合法合规。现行法律并未强制要求企业在数据资产入表时以权利登记证书或第三方评估等要式方式证明数据资产的归属，企业可通过自我评估的形式自行判断是否拥有数据资源的相关权利。实践中，企业进行"数据确权"的方式多种多样，目前主要有以下几种：

其一，企业通过协议等形式获取数据主体的明确授权，在授权范围内对数据资源进行加工利用。此时，相应的协议可以用来证明数据来源及权利边界。此种方式对企业来说便捷、高效，但亦存在弊端。第一，这需要企业具有完善的数据合规体系和各部门之间的统筹运营能力，对企业的经营管理能力要求较高；第二，在数据资产入表后的后续利用中，此种证明方式的证明力不足，极有可能不为交易相对方或第三方所认可，增加企业的交易成本。

其二，企业在数据资产入表前，聘请第三方服务机构对拟入表的相关数据资源进行合规评估。虽然这在本质上也仅为一种增信手段，但相对于企业自证的方式，证明力和说服力更强，更利于企业后续对相关数据资产的利用。

其三，通过目前各地试点的数据产权登记、数据知识产权（产权）登记，或者以数据交易所为代表的场内数据产品挂牌交易来进行相关数据资源的权属证明。以上海数据交易所为例。上海数据交易所建立以区块链技术为底座、以数据交易链为核心的基础设施，通过高效、可信赖的方式确保了数据产品登记、交易登记、交付、清算等的真实性和可验证。此外，它可以生成可信的数据资产交易登记凭证，为数据资产的来源和权属提供了清晰的基础设施保障。在未来，全国还将形成统一的数据资产登记管理制度和登记体系。但是须注意，目前各地实践中的数据产权登记、数据知识产权登记、数据产品交易登记等登记形式，其内涵尚不清晰，很多并未以强制第三方合规评估为主要形式进行实质性核查，而仅仅是对所登记的数据资产进行形式审查。笔者认为，在此种情况下，数据资产登记凭证无法达到有较强权属效力的数据资产权属证明效果。

2. 数据资产入账的计量问题

会计准则为我们提供了明确的指引，即只能基于历史成本对数据资产的账面价值进行计量，这就需要依据相关的历史投入以及相应的原始凭证来证明这些金额的存在和真实发生。在符合其他入表条件的前提下，一旦形成数据资源的历史成本可以被计量，就可以进行初始确认，并作为一个数据市场资产纳入会计账务处理，最终将其体现在资产负债表中。但是如何准确地确定数据资产形成的相应成本，在财务上面临较大的挑战。

3.数据资产评估问题

（1）数据资产评估与数据资产入表的关系

一般情况下，数据资产入表与数据资产评估并无直接关系。数据资产入表是客观的会计核算过程，满足资产确认条件的数据资产即可根据《企业数据资源相关会计处理暂行规定》的要求，以历史成本法进行列报与披露。数据资产评估一般是对评估基准日出于特定目的下的数据资产的公允价值进行评定和估算，这种特定目的往往是数据资产入表后续计量中的减值测试、数据资产交易或数据资产管理等。

数据资产评估虽是发掘数据资产市场价值的方法，有助于提高企业数据资产管理的能力和效率，但其本身并非数据资产入表的前置程序。事实恰恰相反，数据资产评估一般发生在数据资产入表之后。根据《企业数据资源相关会计处理暂行规定》，数据资产账面价值的确定采用成本法，即在符合确认标准条件下企业对相关数据资源投入的全部实际成本，并不需要通过评估来确认相关数据资产的公允价值。只有在特殊目的下，如并购、以数据资产出资等情形，数据资产评估才是必需的，以形成数据资产的交易对价。此时，通过评估结果确定的交易价格，可以作为交易对手方数据资产入表账面价值的确定依据。对数据交易供方来说，已入表的数据资产账面价值不能根据后续的交易价格再作调整。

需要注意的是，数据资产评估并非只能发生在数据资产入表后。在日常经营中，企业出于对持有的、尚未确认为资产的数据资源进行管理、盘点的目的，当然可以聘请评估机构对相关数据资源的价值进行评估。但由于此时数据资源尚未被正式确认为资产，故企业不宜直接以评估结果为依据将相关数据资源用于信托、投资、增信贷款等金融手段。

（2）数据资产评估的应用场景

从资产负债表的角度来看，《企业数据资源相关会计处理暂行规定》将增加一部分资产，从而优化资产和负债的结构。对于企业报表来说，这主要产生两个影响：第一，企业的盈利能力将得到优化；第二，企业的资产负债率也将得到优化。因此，企业的整个财务报表将更真实、更有优势地反映其经营和财务状况。

但是，数据资产除在财务报表中的应用之外，也可以作为非货币资产用于对外出资或合资，还可以用于对现有公司进行增资等行为。这相当于将非货币资产货币化使用。此外，数据资产也可以进行市场化交易，或者被用于质押融资、以数据资产出资入股等操作。例如，青岛华通智能科技研究院有限公司、青岛北岸控股集团有限责任公司、翼方健数（山东）信息科技有限公司进行了全国首例数据资产作价入股签约仪式。该数据资产作价入股路径分为登记、评价、评估和入股四个环节，每个环节依据相关标准和指导文件予以实施：一是对合规审查通过后的数据资产进行登记；二是在《数据资产价值与收益分配评价模型》团体标准的指导下，通过建立评价模型来评价数据资产的质量；三是对数据资产的价值进行评估；四是在三方合力下推动数据资产作价入股，三方成立合资公司。

上述路径涉及对数据资产的估值。在数据资产入账后，相当于企业所拥有的数据资产已经被分项整理和打包，这将为未来的其他运作提供便利。例如，如果将来要使用数据资产进行融资、质押融资、交易或对外出资，已经入账的数据资产可以直接被利用，对其进行一次数据资产的估值。2022 年，中国资产评估协会印发《资产评估专家指引第 9 号——数据资产评估》。其第 2 条规定，本专家指引所指数据资产是由特定主体合法拥有或者控制，能持续发挥作用并且能带来直接或者间接经济利益的数据资源。第 3 条规定，本专家指引所指数据资产评估，是资产评估机构及其资产评估专业人员遵守法律、行政法规和资产评估准则，接受委托对评估基准日特定目的下的数据资产价值进行评定和估算，并出具资产评估报告的专业服务行为。在《企业数据资源相关会计处理暂行规定》出台后，中国资产评估协会也于 2023 年 9月 8 日发布了《数据资产评估指导意见》，明确了数据资产评估的规则。

三、合规要点指引

（一）《企业数据资源相关会计处理暂行规定》对数据资源会计处理的具体要求

1. 适用范围

《企业数据资源相关会计处理暂行规定》第 1 条规定，本规定适用于企业按照企业会计准则相关规定确认为无形资产或存货等资产类别的数据资源，以及企业合法拥有或控制的、预期会给企业带来经济利益的，但由于不满足企业会计准则相关资产确认条件而未确认为资产的数据资源的相关会计处理。

根据《企业会计准则——基本准则》（以下简称基本准则）的规定，资产是指企业过去的交易或者事项形成的、由企业拥有或者控制的、预期会给企业带来经济利益的资源。资源在同时满足与该资源有关的经济利益很可能会流入企业，以及该资源的成本或者价值能够可靠地计量的条件时，确认为资产。因此，笔者认为，判断数据资源构成资产的条件主要包括四个要素：（1）由企业过去的交易或者事项形成的；（2）由企业拥有或者控制的；（3）预期会给企业带来经济利益；（4）成本或者价值能够可靠地计量。

引用德勤[①]的解析，数据资源构成资产需要满足以下条件。

第一，相关数据资源是由过去的购买、生产、建设行为或者其他交易事项形成的。换言之，预期在未来发生的交易或者事项不能形成资产。

第二，相关数据资源是由企业拥有或控制的。基本准则对"拥有或控制"的定义为，企业享有某项资源所有权，或者虽然不享有所有权，但该资源能为企业所控制。

第三，相关数据资源预期会给企业带来经济利益，且相关的经济利益很可能流入企业。基本准则规定，预期会给企业带来经济利益，是指直接或者间接导致现金和现金等价物流入企业的潜力。同时，基本准则规定，只有满足与该资源有关的经济利益很可能流入企业时，才符合确认资产的条件之一。

第四，相关数据资源的成本或者价值能够可靠地计量。基本准则规定，企业应当以实际发生的交易或者事项为依据进行会计确认、计量和报告，如实反映符合确认和计量要求的各项会计要素及其他相关信息，保证会计信息的真实可靠、内容完整。

对此，在法律合规的视角下，笔者更关注对"拥有或者控制"这一事项

---

① 来自德勤官网。

的判断。不同于物权上"所有权"这一单一的确权逻辑，根据基本准则的规定，企业是否拥有一项资源的所有权，并不是企业将其确认为资产的唯一标准。在某些情况下，虽然某企业并不拥有某项资源的所有权，但企业实际控制了该项资源，且能够借此获取经济利益，这亦满足会计上对资产的确认标准。从形式上看，"控制"意味着企业对该资源具有实际经营管理权，能够在生产经营活动中自主利用、谋求经济利益；从实质上看，"控制"意味着企业享有与该项资源相关的经济利益，并承担相应的风险。

目前，我国尚未在法律层面明确数据确权制度，确认企业对数据资源的"所有权"并无法律依据。因此，企业"控制"数据资源就成了能否将数据资源确认为资产的重要判断标准。"数据二十条"以顶层设计的形式，创造性地提出了数据产权结构性分置制度，回避了现有法律框架下数据所有权确权难的问题，建立了以数据资源持有权、数据加工使用权、数据产品经营权为核心的"三权"分置体系，对数据流通利用的规制从产权范式转变为治理范式，把现阶段难以解决的数据所有权确权问题拆分为数据持有权、加工使用权与经营权的治理问题。这在一定程度上为企业判断数据资源是否满足数据资产条件提供了参考和依据，但毕竟"数据二十条"在效力层级上系政策性文件而非法律，"三权"分置制度并不能作为数据权属确认的直接依据，也不能在第三方中介机构的合规评估中成为直接的法律依据。因此，在法律层面应尽快确认数据权属问题具有推动数据流通利用、确定企业数据资产的重要价值。

2. 数据资源会计处理适用的准则

《企业数据资源相关会计处理暂行规定》明确企业应当按照企业会计准则相关规定，根据数据资源的持有目的、形成方式、业务模式以及与数据资源有关的经济利益的预期消耗方式等，对数据资源相关交易和事项进行会计确认、计量和报告。按照会计上经济利益的实现方式，细分为"企业使用的数据资源"和"企业日常活动中持有、最终目的用于出售的数据资源"两类，并规范了不满足资产确认条件下相关数据资产交易的处理方式。前者符合《企业会计准则第 6 号——无形资产》规定的定义和确认条件的，应当确认为无形资产；后者符合《企业会计准则第 1 号——存货》规定的定义和确认条件的，应当确认为存货；企业出售未确认为资产的数据资源，应当按照收入准则等规定确认相关收入。

由此可以看出，判断适用无形资产还是存货准则的关键，即为明确相关数据资产系"企业使用"还是"企业日常活动中持有、最终目的用于出售"。《企业数据资源相关会计处理暂行规定》在公开征求意见阶段，曾在征求意见稿中提出根据内部使用和对外交易两个维度，就数据资源应适用于无形资产还是存货准则进行区分。考虑到企业利用所持有的数据资源为客户提供服务是较为典型和常见的对外交易数据资源的应用场景，但该场景属于内部使用还是对外交易存在不同解读。《企业数据资源相关会计处理暂行规定》明确了只有"企业日常活动中持有、最终目的用于出售"的数据资源，才适用存货准则。换言之，对外非排他性授权使用数据资源的业务模式，或者同时存在内部使用和对外交易但并不主要依赖对外出售取得经济利益的双重业务模式下的数据资源，适用无形资产准则进行会计核算较为合理。因为实践中"买断"数据资源的场景极为罕见，因此未来数据资产入表的主要形式应为无形资产。

3.《企业数据资源相关会计处理暂行规定》不溯及既往

《企业数据资源相关会计处理暂行规定》在"附则"中明确指出，在

《企业数据资源相关会计处理暂行规定》施行前已经费用化计入损益的数据资源相关支出不再调整。上述规定源于现有无形资产准则的规定，即内部开发形成的无形资产的成本仅包括在满足资本化条件的时点至无形资产达到预定用途前发生的支出总和，对于同一项无形资产在开发过程中达到资本化条件之前已经费用化计入损益的支出不再进行调整。因此，即使某项数据资源在《企业数据资源相关会计处理暂行规定》的首次施行日满足无形资产的确认条件，企业也不应将已经费用化计入损益的数据资源重新资本化。这一点决定《企业数据资源相关会计处理暂行规定》正式生效后不太可能马上出现大量数据资产入表的情形，在一定程度上体现了国家对于数据资产入表相对谨慎的探索态度。

（二）数据资产入表的合规问题

总体来说，企业数据合规主要可以分为数据来源合规、数据处理合规、数据管理合规以及数据经营合规。具体到数据资产入表阶段，最应当关注的是数据来源合规与数据处理合规两部分。数据管理合规与数据经营合规是企业数据合规体系的重要组成部分，但二者的缺失并不会影响相关的数据资源被确认为资产。例如，倘若企业没有履行法律规定的数据安全保障义务，以至于其所持有的相关数据面临极大的泄露隐患，这种情形下企业确实违反了数据合规的有关规定，其行为会被监管部门处罚，但并不会因此丧失对相关数据所享有的财产性权利。此时，若不存在其他特殊因素，仍应认为企业可以将相关数据资源确认为资产并计入资产负债表。

1. 数据来源合规

目前，企业获取数据主要有自行生产、公开采集、直接采集、间接获取等方式，需要根据不同的采集方式及应用场景，具体认定相关数据来源的合法合规性。

（1）自行生产

企业自行生产的数据，即企业在日常经营、科研、生产等活动中产生并采集的数据，如 App 的日常活跃量数据、企业生产线上的测试数据等。在此种情形下，由于企业在获取数据的过程中不涉及外部采集，故对相关数据的来源合规性进行审查时，可以相对弱化对数据采集手段的审查。但应注意，企业应在数据的产生和采集阶段按照法律规定做好数据分类分级，并对不同种类、不同等级的数据采取不同的存储措施，实施重要数据加密存储、容灾备份和存储介质安全管理等措施。

（2）公开采集

公开采集系指企业通过爬虫、RPA 等技术手段，采集已公开的信息。在此种情形下，在审查数据来源合规性时，应重点审查以下几个方面。

一是数据采集不得危害国家安全、公共利益。例如：企业不得采集受监管的数据，包括重要数据、核心数据、国家秘密、情报信息等；企业在采集数据时不得侵入国家事务、国防建设、尖端科学技术领域计算机系统；企业不得非法侵入其他特定组织的计算机系统；企业不得在未经授权的情况下侵入国家关键信息基础设施采集数据。

二是数据采集方式需合法、正当。例如：在使用爬虫采集公开信息时，企业不能违反目标网站的 Robots 协议或突破其设置的反爬取措施爬取数据；企业的数据抓取行为不得干扰目标网站的正常运行；若拟采集的公开数据涉及其他企业商业秘密，须尊重信息主体的意愿，获得企业的授权同意。

三是数据采集不得损害个人的合法权益，采集和处理个人信息应具备合法性基础。

四是数据采集的目的应合法正当，不得侵犯他人知识产权、不得涉及不正当竞争。

（3）直接采集

直接采集系企业通过用户自主提供或通过自有设备采集数据。

通过用户自主提供数据的，用户对数据的授权应当完整。例如：以App、小程序、信息表单等方式采集用户数据，需要在隐私协议或告知说明中明确采集数据的种类、处理方式及目的等，并获取用户的明示同意。以此种方式采集数据的，应重点关注以下内容：采集的数据涉及个人信息的，需满足个人信息采集的合法性基础；采集的数据涉及未满14周岁未成年人的，需取得其监护人的自愿、明确同意；采集的个人信息涉及敏感个人信息的，需取得单独同意；采集的数据涉及企业商业秘密的，应取得企业的明示授权同意。

通过自有设备采集数据的，应重点关注以下内容：通过委托/租用/购买的第三方设备或自有设备采集数据的，均应确保设备的安全性及数据安全保护能力；采集特殊领域数据的，需具备相关资质，如采集道路信息，可能需要具有测绘资质；采集的信息涉及个人信息的，应对个人信息进行匿名化处理，或具备其他个人信息采集的合法性基础。

（4）间接获取

间接获取系指通过协议、共享等方式获取相关数据，从交易渠道上看，可以分为场内交易和场外交易。场内交易即在各地数据交易所内进行交易，目前，大部分数据交易所均要求数据产品提供方对数据产品进行合规性评估。以上海数据交易所为例，数据产品需通过第三方专业机构的实质审核及数据交易所的形式审查后方能挂牌交易。场外交易的情况下，目前除征信行业等特殊监管行业外，并无强制审查拟交易数据的要求，但对数据需方来说，若拟将购入的数据确认为数据资产，应确保其对相关数据的权利不存在瑕疵。

无论是场内交易还是场外交易，若数据需方拟将购入数据产品确认为数据资产，均应重点关注以下内容：数据供方的数据来源是否合法、其处理与交易相关数据是否具有相关授权；数据本身能否进行交易，如核心数据、国家秘密、情报信息、个人生物识别信息原则上不允许交易；涉及重要数据的，数据供方是否取得相关部门的同意或许可，如全国范围内 20 年以上的气象数据具有一定的敏感性，原则上企业只能从中国气象局获得该数据；特殊需求场景下数据供方是否具有相关资质，如金融机构获取个人信用信息用于征信业务的，数据供方须为持牌征信机构。

2. 数据处理合规

企业处理数据的一般性合规要求为：合法[1]、正当[2]、必要[3]、保障数据主体权利[4]。具体来讲，应包含以下内容。

---

[1] 《数据安全法》第 8 条："开展数据处理活动，应当遵守法律、法规，尊重社会公德和伦理，遵守商业道德和职业道德，诚实守信，履行数据安全保护义务，承担社会责任，不得危害国家安全、公共利益，不得损害个人、组织的合法权益。"

[2] 《数据安全法》第 32 条第 2 款："法律、行政法规对收集、使用数据的目的、范围有规定的，应当在法律、行政法规规定的目的和范围内收集、使用数据。"

[3] 《网络安全法》第 41 条第 2 款："网络运营者不得收集与其提供的服务无关的个人信息，不得违反法律、行政法规的规定和双方的约定收集、使用个人信息，并应当依照法律、行政法规的规定和与用户的约定，处理其保存的个人信息。"

[4] 《个人信息保护法》第 5~10 条。

（1）企业处理数据的范围应当合理，处理目的应当合法、正当。企业进行数据处理的范围应为协议约定范围，或在其公示的使用规则中所承诺的数据处理范围；企业不得将采集的数据用于非法目的，不得使用非法手段或以非法形式使用数据。

（2）企业处理的数据涉及个人信息、重要数据、核心数据的，应符合相关规定。企业在处理重要数据、核心数据时，相关数据应存储在境内，非经批准不得向境外提供；企业处理涉及个人信息的数据时，应满足《个人信息保护法》第 13 条 [①] 所规定的合法性基础。

（3）企业处理数据应履行《网络安全法》《数据安全法》及相关法律法规项下对于企业的整体义务。例如：企业在数据处理的过程中应采取技术措施和其他必要措施，保障网络安全、稳定运行，有效应对网络安全事件，防范网络违法犯罪活动，维护网络数据的完整性、保密性和可用性；企业应建立健全全流程数据安全管理制度，制定内部安全管理制度和操作规程，确定网络安全负责人，落实网络安全保护责任；建立用户信息保护制度，网络信息安全投诉、举报制度；组织开展数据安全教育培训。

（4）企业应对数据采取加密、访问控制及风险处置措施，遵循线下法律法规对于数据安全处理的要求。

---

① 《个人信息保护法》第 13 条："符合下列情形之一的，个人信息处理者方可处理个人信息：（一）取得个人的同意；（二）为订立、履行个人作为一方当事人的合同所必需，或者按照依法制定的劳动规章制度和依法签订的集体合同实施人力资源管理所必需；（三）为履行法定职责或者法定义务所必需；（四）为应对突发公共卫生事件，或者紧急情况下为保护自然人的生命健康和财产安全所必需；（五）为公共利益实施新闻报道、舆论监督等行为，在合理的范围内处理个人信息；（六）依照本法规定在合理的范围内处理个人自行公开或者其他已经合法公开的个人信息；（七）法律、行政法规规定的其他情形。依照本法其他有关规定，处理个人信息应当取得个人同意，但是有前款第二项至第七项规定情形的，不需取得个人同意。"

（三）对企业数据资产入表准备工作的建议

1. 数据权属的明确

如前所述，数据确权问题无法回避。企业在根据《企业数据资源相关会计处理暂行规定》的历史成本法将数据资源记入资产负债表时，并不需要明确其为何种数据权属，只要企业合法拥有，确信是合理合法使用即可入账。但是在入表后，其财务报告能否被审计机构认可，以及在数据资产后续的金融应用时能否被资产评估机构和金融机构认可，必然会遇到"拥有或者控制"的确认问题，不可避免会遇到数据权属问题。在目前"数据二十条"初步形成"三权"分置的思路下，如何判断和确认是否形成"三权"中某一种权利、权利是否有瑕疵，将是非常复杂的问题。

在确权的过程中，除了权利性质的判断，还涉及企业数据的来源合规、企业数据治理的合规，尤其是数据来源的合规非常重要。数据来源的各种渠道均须进行评估分析，穿透审查数据来源并留存相关审查记录，需要求数据提供者提供相应合规证明、出具承诺或通过合同方式尽可能约定相关权利，确保数据来源合法可追溯。因此，未来企业在将数据资产入表时，有必要自行或委托第三方对数据资源开展法律尽职调查。

2. 数据处理可记录、数据资产可计量

根据《企业数据资源相关会计处理暂行规定》，拟入表的数据资产需要能够准确计量其历史成本。这就要求企业在将数据资源确认为资产计入资产负债表时，尤其是将企业自行开发的数据资源确认为资产时，企业需要明确形成该资产所投入的成本。此时，企业须具有能够在技术上记录与该资产形成有关的全部投入的能力，以证明投入成本的合理性，以及拟入表资产确系

企业通过明确的处理行为获得。

3. 信息披露问题

《企业数据资源相关会计处理暂行规定》生效后，数据资产入表作为影响极深的新事物，涉及巨大的商业利益，须稳步推进，数据资产入表将经历一个过程。在数据资产基础上的金融业务亦须注意此点，如在数据资产质押融资、数据信托等数据资产管理、数据资产证券化、企业并购和 IPO 等业务中，对于数据资产如何科学合理地认定也将是挑战。

对于数据资产入表的风险与挑战，笔者认为，《企业数据资源相关会计处理暂行规定》除了在"附则"中规定《企业数据资源相关会计处理暂行规定》施行前已经费用化计入损益的数据资源相关支出不再调整，主要是通过加强信息披露的方式进行积极稳妥的解决，创新性地采取"强制披露加自愿披露"的方式，围绕各方的信息需求重点，既细化会计准则要求披露的信息，又鼓励引导企业持续加强自愿披露，向利益相关方提供更多与发挥数据资源价值有关的信息。

第一，明确和细化根据会计准则要求应当披露的信息。例如：要求企业在编制资产负债表时，根据重要性原则并结合本企业的实际情况，在"存货"项目和"无形资产"项目下增设"其中：数据资源"项目；企业应当按照相关企业会计准则及本规定等，在会计报表附注中对数据资源相关会计信息进行披露；企业对数据资源进行评估且评估结果对企业财务报表具有重要影响的，应当披露评估依据的信息来源，评估结论成立的假设前提和限制条件，评估方法的选择，各重要参数的来源、分析、比较与测算过程等信息。

第二，规定企业可以根据实际情况，自愿披露数据资源（含未作为无形资产或存货确认的数据资源）相关信息，鼓励引导企业向利益相关方提供更多与发挥数据资源价值有关的信息。例如：数据资源的应用场景或业务模式、对企业创造价值的影响方式；用于形成相关数据资源的原始数据的类型、规模、来源、权属、质量等信息；数据资源的应用情况，包括数据资源相关产品或服务等的运营应用、作价出资、流通交易、服务计费方式等情况；重大交易事项中涉及的数据资源对该交易事项的影响及风险分析；数据资源转让、许可或应用所涉及的地域限制、领域限制及法律法规限制等权利限制等。根据《企业数据资源相关会计处理暂行规定》，目前数据资产的账面价值均以历史成本法计量，这仍有可能无法反映企业相关数据资源的真实价值。因此，充分把握《企业数据资源相关会计处理暂行规定》赋予企业自愿披露相关信息的权利，对相关数据资产的具体情况进行真实、准确的披露，对体现企业的数据资产优势有着重要意义。

四、讨论与展望

（一）数据资产入表与数据资产衍生金融服务与产品

数据资产管理概念的使用可以分为多个维度：

一是 IT 和信息意义上的"数据资产管理"，主要是指"数据资产"的管理。企业在生产、经营等日常活动中产生大量的数据，形成"数据资产"，需要对数据资产进行管理和利用，此处的数据资产本质上是指企业的数据资源。目前通常讲到的数据资产管理，多数是指这种情况，其计量单位是

"G""T"等。

二是经济学意义上的"数据资产管理",其使用较为泛化,不一定符合入表的要求。

三是会计意义上的"数据资产管理",特指符合入表要求的数据资产管理。

四是金融意义上的"数据资产管理",即基于金融目的,直接或间接地将数据资产应用于金融衍生业务中,亦可称为数据资源的资产化利用。《企业数据资源相关会计处理暂行规定》实施后,金融意义上的数据资产管理的基础更加夯实。一方面,《企业数据资源相关会计处理暂行规定》为数据资产入表提供了直接依据,正式赋予了符合一定条件的数据以资产属性;另一方面,按照《企业数据资源相关会计处理暂行规定》的要求,拥有丰富数据资源的企业将直接受益于数据资产入表,数据资产的总量以及企业对数据资产化利用的需求均会大幅上升,金融意义上的数据资产管理将逐渐普及。

从资产管理业务投资标的的角度,笔者认为,在相应金融监管部门的认可下,数据资产可纳入投资标的范围,如私募股权基金、证券公司私募资管业务、资金信托等。虽目前这些资管产品的投资范围尚不包括数据资产,但是在数字经济已经到来特别是《企业数据资源相关会计处理暂行规定》已经将数据资产入表的背景下,金融监管部门的认可或指日可待。值得思考的是,由于数据产品具有特殊性,投资标的应是何种表现形式?实践中原始数据的交易极为罕见,交易多为数据产品。《企业数据资源相关会计处理暂行规定》从会计准则上确认了符合条件的数据资源的资产性质,对未来金融属性的数据资产管理有基础价值锚定的重大意义。

金融意义上的数据资产管理乃至数据资产的其他衍生金融服务的资产基

础更加夯实。一是按照《企业数据资源相关会计处理暂行规定》进行会计处理，拥有丰富数据资源的企业将直接受益于数据资产入表，数据资产管理的委托方以及可以作为基础资产的数据资产或将大大增加。二是企业数据资源财产自身的定价在《企业数据资源相关会计处理暂行规定》明确数据资产入表要求后，有助于确定更为市场所认可的定价。例如，一些正在探索中的数据信托项目也存在委托的数据资产价值确定的问题，按照《企业数据资源相关会计处理暂行规定》的要求，有助于形成合理定价。三是对于企业将数据资源加工成数据产品在场内或场外交易的，《企业数据资源相关会计处理暂行规定》对于数据产品的交易定价和交易后依据数据产品交易登记凭证入表都具有重要意义。

在实践中，市场上已经进行多次金融意义下数据资产管理的探索和其他类型的广义金融应用，包括数据信托、数据资产质押融资贷款、无质押数据资产增信贷款，发行包含数据知识产权的证券化产品、数据资产作价入股签约等。笔者认为，这些探索目前还仅具有试点性质和宣传目的，尚未形成普遍模式。但毋庸置疑的是，这些尝试在目前的法律和监管框架下是可行的，主要的障碍还是在于数据确权、资产定价有待完善背景下对金融机构风控的挑战和对可能形成金融泡沫的担心。在《企业数据资源相关会计处理暂行规定》正式生效、数据资产入表逐渐完善后，以数据资产作为基础资产的金融衍生服务和产品将加速探索。

（二）将数据资源确认为"存货"时对"出售"的判断问题

目前，场内场外的数据产品交易虽名为数据交易，但是审视具体的合同，鲜见以"交易""买卖""出售"为合同义务履行的行为界定，而基本上为"数据许可协议""技术服务协议"。这种情况的出现主要是因为数据的权属以及边界不清，企业欲避免出现"交易""买卖"这些敏感词语。根据《企业数据资源相关会计处理暂行规定》，若将数据资源确认为存货，则须满足相关数据资源系"日常活动中持有、最终目的用于出售"，目前的"数据许可协议""技术服务协议"是否会被认为符合"出售"的性质，可能会影响数据资源作为存货的确认。

现阶段，"数据交易合同"的法律性质认定尚缺乏理论基础，其作为无名合同可参照适用何种有名合同仍存在较大争议。对此，笔者认为，数据交易合同可以准用买卖合同、许可合同和承揽合同规则，在对数据进行"买断式"交易时，可以参照买卖合同的相关规则。因此未来的数据交易协议对数据交易合同中交易行为的约定提出了挑战，需要在合同设计时以数据产品交易（买卖）法律关系来界定合同供需双方的权利和义务。

附录：
《上海数据交易所数据交易安全合规指引》

一、总则

第一条【指引目的】

为进一步加强数据交易主体关于数据交易合规与安全的理解和认知，引导交易主体合规、安全开展数据交易，本所根据《中华人民共和国数据安全法》《中华人民共和国网络安全法》《中华人民共和国个人信息保护法》《上海市数据条例》等法律法规，结合本所数据交易实际，制定本指引。

第二条【基本要求】

开展数据交易时，数据交易主体应当遵守以下基本要求：

（一）遵守我国关于数据流通与交易管理的法律法规，尊重社会公德、商业道德，服从监督管理；

（二）采取必要措施，做到交易过程可控制、风险可防范、责任可追溯、合规性可监督；

（三）数据交易主体应当诚实守信，恪守承诺，全面及时履行合同约定及相关承诺；

（四）数据交易主体在享有数据权益的同时，应当履行相关义务，确保数据交易安全合规。

第三条【适用范围】

数据交易主体在本所进行数据交易与相关服务活动时，可参照指引规定开展数据交易。

二、主体合规要求

第四条【主体资质】

主体资质是进行有效数据交易的基础要件，为保障数据交易安全，数据交易主体资质应当满足下列要求：

（一）系依法成立并有效存续的法人、非法人组织；

（二）具有良好的商业信誉，近一年内无重大数据类违法违规记录且未出现重大网络和数据安全事故；

（三）法定代表人、董事、监事不存在重大数据类违法违规行为、被列为失信被执行人以及其他可能对数据交易活动构成实质性重大不利影响的情形；

（四）不存在可能对数据交易活动构成实质性重大不利影响的其他情形。

第五条【合规经营能力】

合规经营能力是数据交易主体进行有效数据交易的重要要素，为保障数据交易安全，在本所开展数据交易的，应当满足下列持续合规经营能力要求：

（一）不存在影响持续经营的重大财务风险；

（二）不存在影响持续经营的担保、诉讼以及仲裁等重大事项；

（三）不存在影响持续经营能力的其他情形。

三、数据安全管理体系

第六条【数据安全管理制度】

为降低数据交易和流通风险，数据交易主体应当积极履行数据安全保护义务，建立健全全流程数据安全管理制度，采取相应的技术措施和其他必要措施，确保数据在安全的基础上有序流通。

第七条【数据安全管理部门】

设立数据安全管理部门，承担以下职责：

（一）在全面梳理业务和现有资源的基础上，充分评估各相关部门在日常处理数据活动中的主要风险，明确数据全生命周期的安全要求；

（二）结合业务需求、监管要求、自身能力，确定企业数据安全目标，制定数据安全战略；

（三）指定人员实施内部数据安全管理工作，明确工作职责与任务；

（四）制定与完善数据安全管理规范体系并推动其有效实施；

（五）统筹实施数据安全管理工作，监督落实数据安全管理制度及技术防护措施执行情况，对数据处理活动定期开展数据安全风险评估；

（六）建立安全风险监测体系，采取措施监控内部数据处理活动和外部访问活动，防范不正当的数据访问和处理行为；

（七）建立数据安全事件应急管理制度，制定数据安全事件应急预案并定期进行演练，及时处置数据安全风险和事件；

（八）定期对员工进行数据安全宣传教育培训并考察员工能力与岗位职责的匹配程度；

（九）建立数据安全投诉受理、调查与督导机制，督促企业落实数据安全保护义务。

第八条【数据分类分级保护及管理】

数据交易主体在对数据进行全面梳理时，可参照国家标准和行业标准，结合自身业务对数据进行分类分级，形成目录清单并采取相匹配的保护和管理措施。

第九条【数据全生命周期安全管理】

数据交易主体应当建立数据全生命周期安全管理制度，针对不同类型和级别数据，实施数据收集、存储、使用、加工、传输、提供、销毁等环节的保护与管理，保障数据的保密性、完整性、可用性和合规性。

第十条【数据安全技术保护体系】

数据交易主体应当结合数据应用场景以及数据分类分级情况，可建立覆盖数据全生命周期的安全防护机制，采取数据加密、数据脱敏、身份认证、入侵防护、安全监测等技术保护措施，提高数据安全保障能力。

第十一条【数据安全人员】

数据交易主体需明确关键岗位人员及员工数据安全问责规范，可通过制定可行的管理制度和操作规程、数据安全培训及考核等方式提升企业员工的数据安全意识。

第十二条【数据安全事件应急响应机制】

数据交易主体应当制定数据安全事件应急预案，积极开展数据安全应急演练，提高对数据安全事件的预防和应对能力。

四、数据来源合法

第十三条【收集公开数据的要求】

数据交易供方使用自动化工具收集公开数据的，应当符合以下要求：

（一）不得以不正当竞争为目的，违反诚实信用获取数据；

（二）不得违法侵入涉密网站和计算机信息系统获取数据；

（三）不得以非法获取内部访问、操作权限等方式，未经授权或超越授权范围获取数据；

（四）不得干扰被访问网站的正常运营或者妨碍计算机信息系统正常运行；

（五）不得以技术破解方式突破网站、计算机信息系统为保护数据而设置的技术保护措施；

（六）未征得相关主体同意的，不得收集涉及他人知识产权、商业秘密或者非公开的个人信息的数据；

（七）法律法规规定的其他要求。

第十四条【自行生产数据的要求】

数据交易供方在生产经营活动中产生的或通过自身信息系统生产的数据，应确保数据的生产和处理行为合法，不存在侵犯第三方合法权益的情形。

第十五条【协议获取数据的要求】

数据交易供方通过采购、共享、授权许可等方式获取数据的，应当符合以下要求：

（一）保存数据采购协议、共享或授权许可文件。前述协议或文件内容应当约定数据交易供方取得对相关数据的授权使用、加工、对外提供等相应权利；

（二）法律法规及相关政策明确规定开展数据采集应当取得特殊资质、许可、认证或备案的，数据交易供方应当确认数据来源方已取得特殊资质、许可、认证或备案；

（三）确认数据来源方向数据交易供方提供数据获取渠道合法、权利清晰无争议的承诺；

（四）法律法规及相关政策规定的其他要求。

第十六条【收集个人信息的要求】

数据交易供方在生产经营活动中收集个人数据的，需确保个人信息的收集具有明确、合理的目的，并遵循合法正当、最小必要、告知同意等原则。具体要求如下：

（一）基于个人同意处理个人信息的，仅收集与实现产品或服务的业务功能直接相关的个人信息，并且限于实现处理目的最短周期、最低频次，采取对个人权益影响最小的方式；

（二）数据交易供方应当按照法律法规要求获得个人信息主体的同意或单独同意，并能够提供相关证明材料；

（三）交易数据涉及个人信息处理的，应当事先进行个人信息保护影响

评估或取得个人信息保护认证;

（四）采取去标识化、匿名化等安全技术措施,防止未经授权的访问以及个人信息泄露、篡改和丢失;

（五）法律法规规定的其他要求。

五、数据产品的可交易性

第十七条【可交易性定义】

数据产品的可交易性是指在数据来源合法的基础上,该类数据形成的数据产品具有合法性、可控性、流通性。为保障数据交易的合法合规,数据交易供方应当确认其提供的数据产品属于法律法规允许交易的范围,数据处理符合法律规定,不包含禁止交易的数据。

第十八条【数据产品内容合法合规】

数据产品不得含有危害国家安全、违反公序良俗或侵害他人合法权益的违法信息,具体要求如下:

（一）危害国家安全,泄露国家秘密,颠覆国家政权,破坏国家统一的;

（二）损害国家荣誉和利益的;

（三）歪曲、丑化、亵渎、否定英雄烈士事迹和精神,以侮辱、诽谤或者其他方式侵害英雄烈士的姓名、肖像、名誉、荣誉的;

（四）宣扬恐怖主义、极端主义或者煽动实施恐怖活动、极端主义活动的;

（五）煽动民族仇恨、民族歧视,破坏民族团结的;

（六）破坏国家宗教政策,宣扬邪教和封建迷信的;

（七）散布谣言，扰乱经济秩序和社会秩序的；

（八）散布淫秽、色情、赌博、暴力、凶杀、恐怖或者教唆犯罪的；

（九）侮辱或者诽谤他人，侵害他人名誉、隐私和其他合法权益的；

（十）以违反诚实信用的方式不正当获取和使用他人数据，严重损害其他经营者和消费者的合法权益，扰乱市场公平竞争秩序的；

（十一）其他法律法规禁止的内容。

第十九条【重要数据交易合规】

数据产品涉及重要数据的，应当符合相关法律法规规定后方可开展交易，具体要求如下：

（一）自行或者委托数据安全服务机构进行安全风险评估，评估结果不存在危害国家安全、公共利益的情形的；

（二）订立书面协议，明确交易双方的数据安全责任；

（三）对数据交易需方的安全保护能力、资质进行核验；

（四）法律法规规定需要征得相关部门同意的，应当取得同意。

第二十条【实质性加工和创新性劳动】

数据交易供方应当说明数据产品的知识投入情况和注入劳动情况。数据处理过程包括对原始数据进行必要的数据脱敏、清洗、标注、整合、分析，通过算法运用、深度融合等方法形成数据产品。

第二十一条【数据产品应用场景与使用条件】

法律法规对数据产品应用场景、使用对象等有特别规定的，数据交易双方应当从其规定。

第二十二条【数据产品出境合规】

数据交易供方向境外提供数据产品，需符合以下要求：

（一）需要申报数据出境安全评估的，应当按照国家网信部门要求，通过所在地省级网信部门向国家网信部门申报数据出境安全评估，并履行数据安全保护责任和义务；

（二）无需向国家网信部门申报数据出境安全评估，但涉及个人信息出境的，应当遵照法律法规规定的数据出境要求开展数据出境活动，并履行法律法规及相关政策规定的其他义务。

第二十三条【数据交易协议内容合规】

数据交易双方应当签署数据交易协议，确保协议内容合法合规，不侵犯他人合法权益，并应当至少包含以下条款：交易数据的用途、使用范围、交付方式、使用期限、安全义务、交易价格、保密约定、争议解决等。

六、附则

第二十四条【修订与解释】

本指引由上海数据交易所负责修订与解释。

第二十五条【实施日期】

本指引自发布之日起实施。